品成

阅读经典 品味成长

做好大孩子，才能养好小孩子

［加］安妮特·库辛 —— 著
（Annette Kussin）

杨洁 —— 译

SECURE PARENT,
SECURE CHILD

人民邮电出版社
北京

图书在版编目（ＣＩＰ）数据

做好大孩子，才能养好小孩子 / （加）安妮特·库辛
(Annette Kussin) 著 ; 杨洁译. -- 北京 : 人民邮电出
版社, 2024. --ISBN 978-7-115-65325-3

Ⅰ. G78

中国国家版本馆CIP数据核字第2024PA2370号

◆　著　　　[加]安妮特·库辛 (Annette Kussin)
　　译　　　杨　洁
　　责任编辑　马晓娜
　　责任印制　陈　犇

◆　人民邮电出版社出版发行　　　北京市丰台区成寿寺路 11 号
　　邮编 100164　　电子邮件 315@ptpress.com.cn
　　网址 https://www.ptpress.com.cn
　　文畅阁印刷有限公司印刷

◆　开本：880×1230　1/32
　　印张：7　　　　　　　　　　2024 年 10 月第 1 版
　　字数：117 千字　　　　　　2024 年 10 月河北第 1 次印刷
　　　　著作权合同登记号　图字：01-2023-3333

定价：45.00 元

读者服务热线：（010）81055671　印装质量热线：（010）81055316
反盗版热线：（010）81055315
广告经营许可证：京东市监广登字 20170147 号

最重要的是，

如果没有安全基地，

我们就不可能生存。

——杰里米·霍尔姆斯（Jeremy Holmes）

推荐序

　　这是一本独辟蹊径的养育指南，更是一本父母自我成长的指导手册，我建议每位父母人手一本。如果你是孕产母婴从业人员，儿童青少年教育工作者，帮助父母自我成长的心理咨询师、家庭教育指导师，这本书能帮你从依恋理论视角学习父母的依恋模式与安全感修复。

　　当下国内外心理学家提出的各种养育模式，如积极养育、正面管教、无条件养育，以及《如何说孩子才会听，怎么听孩子才肯说》《孩子：挑战》《父母效能训练手册》这些经典图书大都聚焦于孩子，告诉父母如何改变孩子，侧重于关注孩子的行为与情绪。而这本书采取了一种完全不同的养育方法，它以依恋理论为基础，主要关注养育者的成人依恋类型。依恋理论的创始人、著名发展心理学家约翰·鲍尔比（John Bowlby）认为，主要抚养者（一般指母亲）与婴儿在照顾与被照顾的互动中会建立起的情感联系，称为依恋关系。与父母建立了亲密而安全的依恋关系的孩子，安全感十足。他们能够信任父母，愿意与父母沟通。这些孩子深信自己是被爱着的，是值得被爱的，同时，他们也信任和爱着父母及这个世界。因为他们的父母是安全型依恋，能够尊重、理解和接纳孩子，帮助孩子建立起积极的自我认同。

有安全感的孩子一般会主动学习，成绩很好，受到周围人喜欢，善于有效沟通，能够共情他人，充满善意与温暖，具备积极的自我认同。他们遇到问题有探索意愿，能主动寻求帮助和借助资源，情绪稳定，专注力强，具备反思能力、自我调节能力和变通能力。养育一个有安全感的孩子，应该是所有父母的心愿。

本书提出的关注养育者的成人依恋类型的这种养育方法，不是让父母学习教养技巧，也不是试图去改变孩子，而是先改变父母的依恋类型，让父母修复安全感后成为孩子安全而稳定的互动客体，通过自然互动养育出有安全感的孩子。在这个过程中，我们不需要去改变孩子，因为孩子生来就会与父母主动互动，而且会根据对成人的回应来调整自己的预期和行为。所以，我们只要做好自己，做安全型依恋的父母，在日常互动中就可以养育出有安全感的孩子。

但在竞争日益激烈的今天，父母们承受着"完美原生家庭"和"成果教育"这两座大山的压力，时刻可能会因孩子的学业与心理健康状态被评判、被指责、被质疑，要做到"有安全感的父母"似乎无从下手，没有可以参照学习的指导手册。我们常常在使用各种教育技巧后仍然自责"又没忍住""今天又发火了""又动手了""我怎么就控制不了自己的情绪呢"……父母们被卡在了这种"失控—内疚"的循环中动弹不得，焦虑恐惧。我们常常"只见孩子、不见自己"，看不见自己在养育中的循环往复是自己的不安全型依恋导致的，只是试图在孩子外显的行为和情绪上"头痛医头，脚痛医脚"，结果一定是疲于应对和失控的。

所有的自我觉察与自我成长都首先来自"被看见"，即"镜映"。这本书把父母的养育模式从依恋的视角"镜映"出来，父母在教养过程中的恐惧、无奈、沮丧、愤怒、困难、优势以及挑战被一一看见，自己的安全感与不安全感被看见，自己的依恋类型被看见。同时，我们也会发现自己的安全感给孩子的行为和人际关系带来了什么影响，自己的依恋类型是怎么代际传递给孩子，再由孩子传递给他们的下一代的。当我们阅读本书被"镜映"时，我们就正在按下那个打破循环与重复的按钮，以自己为主体，开启一条崭新的，充满乐趣、温暖和幸福的安全感养育之路。

本书作者用"去心理化"的文字，采取简洁明了的儿童依恋类型与成人依恋类型对照的方式，双线对应为我们勾画出"父母的成人依恋类型如何塑造孩子的安全感"的地图。儿童的依恋类型有安全型依恋、焦虑型依恋、回避型依恋和无组织型依恋，与儿童依恋分类对应的四种成人依恋类型有一种安全型依恋和三种不安全型依恋——自主型依恋、先占型依恋、拒绝型依恋和未解决型依恋。

父母可以把本书当作手册使用，直接对照书中关于依恋类型的描述，判断自己的依恋类型，了解自己对孩子行为的反应模式、自己的养育优势与挑战以及从不安全型依恋发展修复为安全型依恋的训练要点。在书中，作者加入了咨询案例与生动的对话例句，易于理解，通俗简练，非常适用于父母自我学习，也可以用来指导父母自我成长小组、父母养育训练营、父母读书会、安全感与依恋科普活动等。

安全感或不安全感都是可以传递的，通过母亲与孩子从婴儿期开始的互动潜移默化地传递给孩子。也就是说，我们在童年时和父母之间形成的依恋模式一定程度上代表着我们和孩子之间的依恋模式，以此类推，我们孩子的孩子的依恋类型也可以通过我们的依恋类型预测出来，这一现象被称为"依恋的代际传递"。依恋的代际传递是可以打破的，只要父母对自己的依恋类型进行干预、自我觉察与反思训练，不安全依恋的代际传递就会终止。

安全感的代际传递是我们非常重视的课题。据统计，我国超过 87% 的 0~3 岁婴幼儿是由非托育机构看护的，看护人主要是老人和保姆，寄养与亲子分离的现象较为普遍。城市里年轻的父母工作繁忙，很多孩子成为"城市留守儿童"。我接触的很多婴幼儿每周见到父母的时间累计不超过 10 小时，这使得养育模式中的依恋关系变得更为复杂。根据不安全感代际传递的现状，我国急需大量的专业人员、教育培训机构带领父母加入"安全感代际传递"的自我修复行动中，否则将会造成大量矛盾型依恋和回避型依恋的儿童和青少年出现，给家庭和社会都带来潜在的阻碍和隐患。在移动智能人机交互的模式下，孩子及成人的疏离型人际模式更加强化，个体远离社会、远离人群，甚至远离亲密关系的趋势进一步加强，这在一定程度上影响了家庭与社会的发展。

还有一个引人关注的现象是对"早期教育"这一概念和内容的误导。国内的早教机构过度夸大 0~3 岁早期教育中智力教育的重要性，几乎完全忽视了构建安全感与亲子依恋关系这一重要内容。神经生物学研究显示，安全感可以让孩子的大脑发育更完善，甚至能够重塑大脑；安全感会影响基因的表达；安全感会影响孩子在学业、社交和个人生活方面的表现。父母可以通过学习本书，成长为一名有安全感的父母，成为孩子早期教育最好的老师。

作为一名依恋取向的心理咨询师、依恋关系与安全感心理教育的科普工作者，我终于看到一本书倡导以父母为先，把各心理学派获得共识的依恋理念与治疗技术应用在教育教养方法中，科学解析父母的依恋类型如何塑造孩子的安全感，我内心有了"被看见"的共鸣和振奋。在多年的心理教育工作中，我一直苦于找不到适合大众学习和阅读的依恋与安全感科普图书，很高兴现在可以推荐这本书了！

安全感，是父母送给孩子受益终生的礼物。当下，我们需要重视依恋视角下的教养方式，提升中国家庭的亲子依恋质量，开启安全感的代际传递，完善基于安全感建构的早期教育。希望借由这本书，能够倡导更多父母成长为有安全感的父母，倡导成立"安全感养育小组"，倡导早期教育更加关注孩子的依恋类型与安全感的培养。

养育有安全感的孩子，从成为更有安全感的父母开始！

郝妈妈

依恋取向心理咨询师

中婴依恋教育科技研究院院长

2024 年 8 月

序
言

你可能是父母，曾经或正在为养育孩子的问题而备感困扰。你所养育的孩子可能是你的亲生骨肉，也可能是领养或寄养的。你可能是祖父母，现在承担起监护自己孙辈的责任。你可能是阿姨、叔叔或者其他长辈，负责监护自己亲戚的孩子。你也可能是丧偶、分居或离婚的单亲父母，或者已经组建新的家庭，成为继父继母。无论你是如何成为养育者的，也无论你在何种情形下进行养育，这都是一件充满挑战的事情。如果你的孩子有一些尚未解决的问题，比如被领养或寄养、失去父母、经历过其他创伤性事件，或者他们属于特殊需求儿童，那么你会面临更大的挑战。如果你自身也有一些源于童年时期的问题尚未得到解决，那么养育孩子可能会成为你最有挑战性的工作，而几乎有一半的养育者存在这样的问题。

许多的育儿课程会向父母传授一些策略，告诉他们如何进行有效的养育。一般来说，这些课程更加侧重于关注孩子的行为。它们包括：

积极养育

养育困难型儿童

离婚后的养育

避免权力斗争

领养家庭育儿班

养育与技术

基于依恋的养育

或许你已经学习过这些课程，也曾经尝试着使用自己所学到的策略。或许你已经在运用一些策略时获得了成功，并且仍然在使用学习过的养育指南和方法。但是，很可能许多人会感到沮丧，因为觉得这些方法效果有限。也有可能，有些人会因为以下这些原因而懊恼：无法按照要求始终如一地实施这些养育方法；无法与自己的伴侣或配偶互相配合，共同实践这些方法；过于疲惫和情绪低落，所以无法运用这些方法。又或许，孩子对这些方法并没有做出理想的回应，或者这些方法似乎不适用于孩子的具体情况。

也许这些养育方法对年幼的孩子是管用的，但却并不适合大一点的孩子，更加不适合已经进入青春期的孩子。于是你意识到，自己需要学习一门新的课程，了解如何养育年龄更大的孩子。

本书采取了一种完全不同的养育方法，与其他直接关注孩子行为的方法相比，这种方法更具挑战性。不过只要持之以恒，你就能取得更大的收获，培养出具有安全感、内心健康的孩子。它以"依恋理论"（Theory of Attachment）为基础，主要关注养育者的成人依恋。

依恋理论认为：父母／照料者对我们的回应方式，塑造了我们关于自己和人际关系的信念。我们是否认为自己是可爱的、值得被善待的，取决于我们从照料者，特别是母亲那里获得的早期体验。在我们的成长过程中，这种早期关系也会影响我们对其他关系的看法和预期。如果我们与父母／照料者之间的关系是积极的、给予关爱的，就会形成这样的预期：其他人会善待自己；如果我们的早期体验是消极的，遭受过排斥、反复无常或者伤害，我们就会认为其他人也将如此对待自己。我们无法回忆起在三岁以前，自己与父母／照料者是如何互动的。但是，这些互动会以信念的形式储存在我们的大脑里，在无意识中给我们的人际关系模式带来一生的影响。

无论在情感方面还是物质方面，幼小的孩子都需要父母／照料者，否则他们就无法生存。因此，他们会学习和使用各种方法，以确保父母／照料者能够参与养育。然而，当孩子开始相信无论怎样都无法获得父母／照料者的关爱，或者他们只会伤害自己的时候，就会关闭自己对他们的需求。

儿童和成人都有不同的依恋类型。如果在充满关爱的、稳定的环境下成长，孩子就会形成安全型依恋，否则，他们就会发展为三种不安全型依恋中的一种。成人也是如此，他们会形成安全型依恋，或者三种不安全型依恋中的一种。

20 世纪 50 年代，心理学家兼研究员玛丽·梅因博士（Dr. Mary Main）研究发现，如果能够通过结构化的研究方案来明确母亲的成人依恋类型，就可以精准地预测孩子的依恋类型。这个发现具有极为重要的意义，可以帮助我们理解孩子是如何形成安全型依恋或者不安全型依恋的。梅因博士推测，父母的依恋类型，尤其是母亲的依恋类型会被无意识地传递给孩子——通过母亲与孩子从婴儿期开始的互动。大多数属于安全型依恋的母亲，都会养育出安全型依恋的孩子；大多数属于不安全型依恋的母亲也会通过养育，把这种不安全型依恋传递给孩子。

因此，有明确的研究证据表明，个体的成人依恋类型会影响其养育孩子的方式，从而影响孩子形成的依恋类型。

以"依恋理论"为基础的养育方法，可以帮助你创造一个照料环境，这个环境会为孩子提供形成安全型依恋所需的各种要素。不过，如果养育者本身的成人依恋是不安全型，那么即使其尽了最大的努力想要为孩子创造一个发展安全型依恋的环境，也将是非常困难的。想要培养阳光健康、有安全感、出类拔萃的孩子，最好的办法就是在自己身上下功夫，了解自己的依恋类型，改变自己所能改变的，并抱着善意和不评判的态度去接纳自己缺少安全感的部分。

本书将帮助你了解自己属于哪一种成人依恋类型，以及这种依恋类型在养育孩子的过程中将表现出哪些优势，遇到哪些挑战。在前面几个章节中，我会写一些案例，展示不安全成人依恋的父母会如何回应自己的孩子。接下来的几章将提供一些实用的策略或方法，帮助人们改变不安全成人依恋所导致的某些养育方式。对于每一位养育者来说（无论他们属于安全型依恋还是不安全型依恋），了解自己的成人依恋类型及其对养育孩子的影响，都可以让他们获益匪浅。每一位养育者也都可以学会让孩子形成安全型依恋的养育方式。

　　了解自己属于何种成人依恋类型（无论是安全型依恋还是不安全型依恋），可以帮助你为孩子提供一个更有安全感的环境。有了这种了解，养育者将自己对人际关系的无意识信念，以及亲近或疏远他人的模式传递给孩子的概率就会降低。了解真相是改变养育方式的第一步。

目 录

第 **1** 章

什么是成人依恋
以及它如何影响养育

成人依恋（Adult Attachment）的概念是由玛丽·梅因博士提出的。她是依恋理论的提出者约翰·鲍尔比博士（Dr. John Bowlby）的同事，并和另一位同事玛丽·安斯沃思博士（Dr. Mary Ainsworth）确定了儿童依恋的分类。孩子从照料者那里获得的不同体验，造就了儿童不同的依恋类型。

在20世纪50年代，安斯沃思博士和梅因博士对幼儿及其与母亲的关系进行了研究。在观察的基础之上，她们制定了一套名为"陌生情境"（the Strange Situation）的研究方案，用于评估儿童的依恋类型。这个方案考察了非常年幼的孩子在与母亲分离时的反应、对于试图安慰自己的陌生人的反应，以及在与母亲团聚时的表现。两位研究者发现，安全型依恋的孩子会因为与母亲分离而心烦意乱，但当母亲回来时，他们会平静下来。他们可以专心地玩玩具，因为知道自己的母亲就在旁边。还有一些孩子因为与母亲分离而心烦意乱，但在母亲回来时仍然不能安定下来，研究者将这些孩子的依恋类型称为焦虑 / 矛盾型依恋[1]（Anxious/Ambivalent Attachment）。另外一些孩子并没有因为母亲的离开而心烦意乱，当母亲回来时，他们也表现得漠不关心。这些孩子被归类为回避型依恋（Avoidant Attachment）。最后，梅因发现了另一类属于不安全型依恋的孩子。这类孩子在与母亲团聚时似乎不知道该做什么，表现出混乱和无组织的行为。这些孩子被归类为无组织型依恋（Disorganized Attachment）。

这个研究方案已经经过多次检验，现在是确定儿童依恋类型公认的权威方法。两位研究者认为，如果照料者对待孩子的态度始终如一，能够持续给予关爱和支持，他们的孩子会形成安全型依恋（Secure Attachment）。如果照料者是反复无常的，他们的孩子就会形成焦虑型依恋。如果照料者对待孩子是不接纳、抱有敌意的，或者是缺位的，他们的孩子会形成回避型依恋。如果受到父母的虐待或严重忽视，孩子会对父母感到困惑和恐惧，从而形成无组织型依恋。

这些就是我将在本书中提到的儿童依恋类型：安全型依

---

① 为方便读者阅读，下文统一使用焦虑型依恋。

恋、焦虑型依恋、回避型依恋和无组织型依恋。

渐渐地，梅因博士对研究中的父母越来越感兴趣，并且开始相信是父母自身的依恋模式对孩子产生了影响。她着手对母亲们进行研究，并在 20 世纪 60 年代提出了确定其成人依恋类型的方法。她创建了一份标准化的问卷，通过询问父母对自己童年经历的记忆和描述，确定父母的成人依恋类型。她确定了和儿童依恋分类相似的四种成人依恋类型：一种安全型依恋和三种不安全型依恋——自主型（Autonomous）、先占型（Preoccupied）、拒绝型（Dismissing）和未解决型（Unresolved）。

为了帮助大家更好地理解儿童依恋类型与成人依恋类型的延续关系，表 1-1 可供参考。

表 1-1　儿童依恋类型与成人依恋类型的延续关系

儿童依恋类型	成人依恋类型
安全型： · 父母 / 照料者始终给予关注，对孩子感同身受，与孩子有愉快的互动，在孩子生病或是焦虑不安的时候给予支持。 · 孩子信任父母，向父母寻求安慰和支持。 · 孩子积极地看待自己。	**自主型：** · 在《成人依恋访谈》(*Adult Attachment Interview*) 中对童年经历的描述是条理清晰的。 · 重视人际关系，从关系亲密的人那里获得安慰和安全感。 · 能自我反省，并接受其他人有不同的观点。 · 适应性强、性格开朗、有自我调节能力。 · 有积极的、符合现实的自我认知。

儿童依恋类型	成人依恋类型
焦虑型： ·母亲／照料者的态度反复无常。 ·不信任母亲／照料者，但又渴望亲近他们。 ·依赖性强，对成人不关注自己很敏感，害怕被抛弃，无法分离。 ·控制欲强、黏人、难以调节情绪。	**先占型：** ·在《成人依恋访谈》中所描述的童年经历是混乱的，母亲的态度反复无常。 ·过度依赖亲密关系。 ·寻求来自他人的认可，害怕被贬低。 ·情绪表现激烈，反应很冲动。 ·认为自己没有价值，不如他人。
回避型： ·母亲／照料者不给予关注、不接纳、抱有敌意或者非常冷漠。 ·否认自己的感受、需求和愿望。 ·回避亲密关系。 ·似乎独立而不合群。 ·认为他们必须自我照顾。 ·可能会成为照料者。 ·只表露积极的情感。	**拒绝型：** ·在《成人依恋访谈》所描述的童年经历中，存在不被接纳或者母亲不给予关注的情况，但否认其对自身成长的影响。 ·经常把父母理想化。 ·回忆童年经历时存在困难。 ·想要让自己独立自主。 ·更加关注各种活动，以此回避亲密关系。 ·压抑自己的感受和需求。 ·认为自己高人一等。
无组织型： ·母亲／照料者虐待或严重忽视孩子。 ·孩子想要从母亲／照料者那里寻求支持，同时又想从他们身边逃离，因为他们会让自己恐惧，因此处于冲突之中。 ·用战斗、逃跑或僵住来回应。 ·缺乏有组织的依恋方式。 ·对虐待或伤害高度警惕。	**未解决型：** ·在《成人依恋访谈》中所描述的童年经历是混乱的、没有条理的。 ·早年的创伤尚未解决。 ·认为关系是危险的。 ·可能认为自己是受害者。 ·可能会成为攻击者，以回避脆弱的感受。 ·可能会解离（dissociate）。 ·表现出难以预测的情绪和行为。

有关依恋的研究表明，依恋是连续发展的。童年时期的关系经历会以一种无意识的方式留存在个体的大脑中，并对个体一生的关系产生影响。研究也表明，个体形成的依恋模板会通过养育方式，在不知不觉中影响孩子的依恋类型。

儿童依恋是如何发展成相似类型的成人依恋的呢？

如果父母或照料者能让你感受到关爱，觉得自己是安全的，当你不安或者害怕时，他们会陪在你身边，那么即便年幼，你也明白自己是能够信任他们的。你会相信自己是一个可爱的人，值得他人的关心和爱护；你会相信自己可以向父母表达需求、愿望和感受，并能够得到他们充满共情和理解的回应。这样一来，你就会形成安全型依恋。

你会在内心深处感受到这种安全感和自我之爱；你会把这种美好的感觉带给外面的世界；你会表现出共情，愿意接纳他人，能够从容地表达自己的想法，并且充满自信，而其他人也会对这一切做出积极的回应。在童年时期的表现就是其他小朋友会喜欢你，愿意和你一起玩；在课堂上，你也会得到老师的青睐和鼓励，让你管理班级；其他孩子的家长也会希望你和他们的孩子成为朋友。别人的回应会更加让你确信，自己是可爱的，值得被善待。在童年、青春期和成年早期，你的安全型依恋都会得到强化。

如果你的父母或主要照料者不能始终如一地爱你、满足你的需求，你就会感到焦虑和愤怒。面对他们，你无法预测对方什么时候会给予你情感上的关注。其实，他们可能已经深陷于自身的情感需求而无法自拔，也可能专注于其他的关系而非孩子。你得自己留意能够获得他们关注的时机。你可能已经明白，只有大声地提出要求，他们才会注意到自己。最终，你会非常依赖他们，但却无法始终如一地依赖。这类无法始终关注孩子的父母会让孩子感到困惑、焦虑、愤怒，过度依赖父母，并对父母不关注自己极度敏感。这类父母可能会过度卷入和孩子的关系——这是为了他们自身的需要，而不是孩子的需要。

当这样的孩子走进外面的世界时，他们会感到自卑和焦虑，并且对于任何一个不能持续关注他们的人（比如朋友、老师或助人者），他们都会极为敏感。当他们没有从别人那里获得足够的关注时，他们会变得愤怒和挑剔。而这种愤怒和强烈的索取又会让周围的成年人和孩子疏远他们。而别人的疏远或排斥又会强化孩子的这种感受和信念：自己不值得被爱，没有人可以始终关注自己。

想想托儿所或者学校里那些喜欢抱怨、爱挑毛病的孩子，还有那些调皮捣蛋的孩子——我们认为他们这样做是因为想寻求关注。这些孩子通常被贴上问题儿童的标签，并因为自己的所作作为受罚。但老师可能并不了解，这些孩子其实是不安全型依恋。对这些孩子来说，需要有一位日托人员或者老师陪在身边，始终给予他们额外的关注。

到了青春期，这些不安全型依恋的孩子在同伴关系，尤其是恋爱关系中，会继续表现出依赖、挑剔和夸张做作的行为。他们的同伴或恋爱对象会因为这种强烈的情感需求而疲惫不堪，对这段关系感到犹豫不决，最终和他们绝交或分手。这又向他们证实了，没有人会总是爱着自己。这样的儿童和青少年就属于焦虑型依恋。

如果父母不接纳你或者对你很冷漠，从不表达关爱，那么你也会形成不安全型依恋。你可能已经学会回避他们，或者满足他们的需求，成为他们想要和需要你成为的样子。你可能已经学会抹杀自己的需求、愿望和感受，还有自己的兴趣或抱负。与人亲近对你来说会很困难，你可能会否认亲密关系的重要性。

你可能已经发现，如果自己在某个方面出类拔萃，比如成绩优秀、有体育特长或者相貌出众，那么父母就会爱自己，至少会关注自己。然而，所有这些成功都只是满足了父母内心的需要，不一定是你自身的需要。你无法告诉父母，自己对某项活动并不感兴趣，或者对自己的表现很担心。想想看，一个孩子因为父母的期望必须成为最好的曲棍球运动员，如果他没有表现得很完美，他的父母就会生气。或者由于父母自身的私欲，有些孩子从小就被迫成为一名时装模特或演员。我们也见过一些父母砸钱让孩子进入贵族学校的例子。这些孩子不一定在学业上很努力，也不一定有雄心壮志，他们之所以去上这类学校，只是为了满足父母的兴趣和需要。

你可能富有责任感，品行端正，老师会请你管理班级或者承担其他职责。你看起来似乎很独立，甚至很快乐，其实内心却没有安全感。周围的人也会善待你，认为你独立、勤奋、有责任感、讨人喜欢。他们会让你确信，自己应该坚强独立，永远立于不败之地。可是他们并不了解你内心的孤独和脆弱。你也绝不会认为，可以找其他人来分享自己的感受，例如担忧、脆弱或是对失败的恐惧，哪怕这是安全的，也是自己的权利。你很难跟别人亲近，最终形成回避型依恋。

如果你的父母严重忽视你，或者对你有情感、身体、性方面的虐待，你会感到非常害怕，没有安全感。你的反应可能会表现出攻击性，或者逃离施虐者。你也可能会直接封闭自己的感官和内心，这样就不会感受到痛苦。针对这类父母，孩子会认为他们是危险的，更不会向他们寻求安慰或支持。一般来说，当孩子受到惊吓时，他们会本能地从父母那里寻求安全感、支持和安慰。但如果父母本身就是造成孩子恐惧的原因，孩子就会感到不知所措。当这类孩子进入幼儿园、学校和社会时，他们通常会认为这个世界和世界上的每个人都可能是危险的，不值得信任的。到了青春期，他们可能会为了自我保护而变得更有攻击性和叛逆，这样一来他们和别人的关系会更加疏远。他们可能会产生一些危险的行为。其他成年人通常会认为这些青少年是危险分子，而实际上他们只是受过创伤的无组织型依恋儿童。

如果在你很小的时候父母就去世了，或者他们抛弃了你，你也会害怕与别人亲近。如果这种创伤并没有被疗愈，那么你会一直认为，依赖任何人都是不安全的，因为你可能会失去他们，或者成为他们离世或离去的原因。

每个孩子都需要亲近父母，从他们那里获得关爱、抚慰和安全感。刚才我所描述的孩子的种种行为，都是他们努力向父母靠近的方式。无法始终得到父母关注的孩子，会试图通过挑剔或操纵，抑或是同时采用两种方法来接近父母。缺乏父母关注的孩子接近父母的方式则是不提出过多的要求、照料父母或者做到完美。受到父母虐待、恐吓或忽视的孩子处于混乱的状态，无法找到有组织的接近方式。毕竟接近父母可能会让自己受伤或恐惧，所以他们感到不知所措。他们可能会使用一些策略来接近父母，但这些策略非常混乱，也无法预测。

每个孩子都会内化与照料者之间的关系体验。在与父母进行了无数次互动之后，孩子明白了对父母的预期，并开始相信无论父母怎样对待自己都是理所应当的。有些孩子会觉得自己应该获得爱和关心，而另一些孩子则会认为自己不值得被爱和关心；有些孩子会对父母产生信任，认为他们会爱自己、照顾自己，而另一些孩子则不会这样。这种感受和信念会深深地嵌入孩子的大脑，并在无意识的层面不断发挥作用。他们对人际关系的预期也同样如此。孩子和父母之间的关系会成为其他关系的模板。受到父母善待的孩子会认为，别人是友爱并值得信赖的，会善待自己；如果没有从父母那里获得无条件的、始终如一的爱，孩子就会认为其他所有的关系也是如此。这些孩子会带着诸如此类的预期在人际关系中进行互动，最终，他们关于人际关系的预期也会得到证实。到了成年，这种关系模式已经根深蒂固，如果其自身没有觉察，这种模式就非常难改变。

总而言之，童年时期、青春期和成年早期的经历共同形成了个体的成人依恋类型。成年后的人生经历通常会让个体有关自我价值的信念，以及对人际关系的预期得到证实。如果幸运的话，你可能会发现其他人对自己是友善的，那些消极的自我认知和人际关系预期就不会被证实。不过，要想达成这一点，你必须足够幸运。

以下是我接待过的一些来访者的案例，他们尝试了很多方法来帮助自己的孩子。只有对自己的成人依恋有更多的了解，才能改变自己养育孩子的方式，或者明白自己在养育孩子过程中的不足，从而减少对孩子和对自己的愤怒。

唐纳德（Donald）领养了一个男孩。妻子去世后，他开始独自抚养这个孩子，成了一位单亲爸爸。他的儿子杰拉尔德（Gerald）有很多问题。他好斗、叛逆，有学习障碍，并且不相信任何成年人。在领养前，唐纳德和妻子一起上完了所有领养必修课，他们觉得已经充分做好准备照料这个孩子了。妻子去世后，他参加了更多的育儿课程，还让儿子也接受了游戏治疗。这些方法似乎都没能帮到杰拉尔德，他变得更加咄咄逼人，总想挑衅同伴、老师和养父。唐纳德心急如焚，却不知道怎样才能让儿子成为一个快乐而健康的孩子。

简（Jane）和彼得（Peter）有一个女儿。她之前在学校一直表现很好，没有出现过任何问题。但是进入青春期之后，她却开始在学校表现不佳，变得情绪低落，不愿意上学，也不想见自己的朋友，并出现了强迫行为。父母和孩子都尝试了不同形式的治疗方法，却收效甚微。他们只能眼睁睁地看着女儿继续陷入严重的抑郁和焦虑状态却无能为力。

　　唐纳德、简和彼得都深切地关心着自己的孩子，他们寻找了各种各样的育儿课程和心理治疗方法，希望可以解决问题。我提供这些例子是为了证明，如果不了解依恋理论，特别是自己的成人依恋类型，那么你作为父母，对孩子的理解和帮助将是有限的。

　　父母的成人依恋类型将对如何养育孩子产生很大的影响，这种影响超过了他们所学习的育儿课程或阅读的育儿书籍。我会通过更多的细节和实例来进一步解释。

　　如果你的成人依恋类型是自主型，那么你就会喜欢自己，信任他人，愿意接纳自己的感受，也愿意接纳他人的感受和看法。你善于自我觉察，也不会对自己和他人的不同观点抱有评判的态度。你可以沉着冷静地表达自己的感受和需求，并且从容淡定地认为应该让别人了解自己的感受，满足自己的需求。你很可能与自己的伴侣保持着健康的关系，并尊重对方不同的感受和需求。你能够在自己与伴侣的感受和需求之间进行平衡。

　　安全型成人依恋会让你享受为人父母这件事。你会始终关注着自己的宝宝，能够明白他为什么啼哭，自己该如何回应。

当你的孩子遇到困难的时候，你会耐心地鼓励他。当他焦虑不安的时候，你会安慰他。你也会在与孩子的互动中获得乐趣。你能够在不加评判的情况下，认识到自己遇到了什么育儿方面的困难，并做出恰当的回应。当你感到疲倦或者孩子的需求让你手忙脚乱时，你能够寻求其他人的帮助，尤其是伴侣或配偶的。但休息一段时间后，你会找回自己内心的力量，又可以全身心地陪伴孩子。你的孩子会觉得，你能够对他的需求、愿望和感受做出回应，并且在表达共情和设立规则之间保持平衡。

如果你的成人依恋属于安全型，并且你始终对孩子的需求给予共情、支持、理解和同频的回应，那么你养育的孩子也将会形成安全型依恋。

案例：

凯伦（Karen）的成人依恋类型属于安全型，她来我这里做咨询是因为有一些课题需要处理。她有两个儿子，哥哥对弟弟感到很恼火，于是动手打了他。凯伦非常冷静而又态度鲜明地对此事做出了处理。她告诉哥哥，她理解他这种愤怒，并且她知道弟弟可能确实做了让他生气的事。不过她也明确告诉哥哥，他不应该打弟弟，而是应该表达出自己的愤怒，并向她寻求帮助。哥哥意识到错误后哭了起来，凯伦安慰了他。

如果你的成人依恋类型是不安全型依恋，那么你可能属于三个不安全型依恋之一。先占型依恋的人通常会很在意他人能否始终关注自己，喜欢根据他人对自己的看法来评价自己，认为自己不如他人，极度依赖他人，并且无法控制自己的焦虑和愤怒情绪。他们高度要求他人的关注，对配偶、伴侣或父母的行踪十分在意。由于内心缺乏安全感，并且总是在担心别人是否关注自己，他们自然无法全身心地关注自己的孩子。

如果你是一位属于先占型依恋的父母，你就无法始终给予孩子关注——这并不是有意的，因为你的思想和注意力无法完全集中在孩子身上。你的孩子会感觉到这一点，所以当你被其他的人、想法或困扰夺走全部注意力时，你的孩子不得不更加强烈地表达自己的需求。如果你仍然不给予关注，他就会哭得越来越大声，直到你不得不去关注他。然而，即使跟孩子在一起，你也还是会三心二意，心情烦躁，因为你的脑海中还有其他挥之不去的烦恼。你的孩子无法相信你会始终关注他，所以他必须弄清楚，什么时候你可以完全投入地和他在一起。随着孩子慢慢长大，他会使用更复杂的策略来吸引你的注意。他可能会越来越大声地说出自己的要求，或者在行为上越来越有攻击性；他也可能会变得喜欢抱怨，软弱无助，无法离开你半步。他会对你是否在关注他保持高度警觉——这本来并不是他必须做的事。

案例：

我有一位女性来访者，她叫伊莱恩（Elaine），是两个孩子的母亲。伊莱恩缺乏安全感，在专业领域总是无法达到自己的目标。她将自己的失败归咎于他人，并且经常处于焦虑、愤怒和忧虑之中。她无法始终给予孩子们关注，而其中一个孩子对此非常敏感。他非常依赖伊莱恩，害怕和她分开，软弱无助，喜欢抱怨，不愿意尝试具有挑战性的活动。在设立养育规则时，伊莱恩并不能始终坚持，并且她的情绪时好时坏，因此，有时对孩子很慈爱和关注，有时又很愤怒，就想一个人待着。她的儿子形成了焦虑型依恋，因为伊莱恩属于先占型成人依恋。

还有一种不安全成人依恋叫作拒绝型依恋。在亲密关系与个人成就中，拒绝型依恋的成人会更加看重后者。你可能会更喜欢整天忙忙碌碌，而不是跟人亲近；你可能很难跟自己的孩子保持亲密；你可能会参与他们的活动，密切关注他们在学校取得的成绩。但是，当你的孩子感到脆弱和沮丧的时候，他或许不会跟你表达他的感受或者向你求助。当你的孩子还是个婴儿时，你很可能并没有那么喜欢他，只是想要证明自己是最称职的父母。你会精心照料自己的孩子，让他干干净净，吃饱穿暖，并且形成良好的生活规律。这些固然重要，但并不能让孩子感到你爱他、理解他。你可能是一位宁愿工作或忙碌，也不愿意陪伴孩子的父母。

你的孩子会感觉到这一点，并认为自己不会无条件地获得你的情感投注。有些孩子会直接封闭自己，不再表达自己的感受或需求。另一些孩子则会让自己表现得优秀和完美，希望这样可以取悦你，跟你更加亲近。也有一些孩子可能会尝试照顾你的需要，希望这样能得到你的爱。还有些孩子会选择放弃，既不再期待你的关爱，也不想让自己表现出色。

本章前面我所提到的唐纳德，就是一个父母属于拒绝型成人依恋的例子。唐纳德不能表达自己的感受，也无法亲近自己的儿子。他试图寻找其他人来帮助儿子，努力为儿子提供稳定的物质基础。他无法在情感上与儿子建立联系，并因为儿子给他制造了难题而感到愤怒。儿子渐渐和父亲疏远，待在自己的房间里，不和父亲一起吃饭，在十几岁的时候搬了出去。他的儿子同样很难信任别人，并且显得有些不合群。

有些人经历过创伤或重大的丧失，并且这些创伤或丧失并未得到解决，那么他们就会形成未解决型成人依恋。这一类型的人想要成为内心健康的父母，遇到的挑战是最大的。他们对亲密关系有着深切的恐惧，要么认为亲密关系是危险的，自己可能会受到伤害；要么认为亲密关系是不值得信任的，因为自己可能会失去所爱的人。由于这种恐惧，他们的内心常常感到混乱，所以他们对孩子的回应也是无序的。他们可能会对自己的孩子非常慈爱和善，可能会很愤怒、不接纳自己的孩子，也可能会严重忽视甚至虐待他们。这些情绪和行为的变化与孩子正在做什么基本无关。孩子并不知道父母会以怎样的面目出现，所以总是保持警惕。这些孩子在成长的早期就学会了这一点，并且学会在父母虐待自己时安抚或者避开父母，或者只是僵住不动，忍受这种虐待。

　　我有一位女性来访者，她说自己的母亲有严重的心理问题，会虐待她。母亲在她还是个孩子的时候就斥责她，忽视她，有时还会对她进行身体虐待。她的父亲在孩子们很小的时候就抛弃了家庭，这些经历给她造成了很大的创伤。所以，她也无法给予孩子们正常的回应，导致孩子也出现了严重的问题。

你的成人依恋显然会影响你养育孩子的方式。我愿意相信，你想要成为最称职的父母；你的孩子也愿意相信，你会是很好的父母，并且肯定比你的父母更优秀。你内心的自我认知、对人际关系的看法，以及对他人的信任或怀疑，将会决定你能否给予孩子稳定感、安全感和关爱。要成为最称职的父母，你需要了解自己的成人依恋类型，了解它如何影响你的育儿方法，解决你过去遗留的依恋问题，改变你所能改变的，接纳你所不能改变的。有了对自己的觉察和不加评判的接纳，你才能够觉察到孩子的感受、需求和愿望，并做出充满共情和理解的回应，才能养育出具有安全感和觉察力的、出类拔萃的孩子。

第

2

章

确定你的
成人依恋类型

我出版的上一本书的书名为《读懂依恋：拥抱更好的亲密关系》(*It's Attachment, A New Way of Understanding Yourself and Your Relationships*)，这本书想要帮助人们确定自己的依恋类型，并改变自己的不安全型依恋。它适合那些有兴趣了解自己的成人依恋，以及它对成年期亲密关系有何影响的读者阅读。

　　想要确定自己的依恋类型，你可以请受过相关培训的人士做一个正式的成人依恋评估。他们可以进行结构化的依恋访谈并进行评估，评估中会有一些问卷，询问你对伴侣的感受，以及你在亲密关系中的行为表现。但是这项评估价格不菲，而且受过训练的治疗师很少。

　　为了更准确地确定你的成人依恋类型，你需要觉察自我的无意识部分，回忆自己的童年经历，了解你的童年是如何影响成年期发展的。即使没有做正式的评估，你也可以对不同的依恋类型有一个初步的了解，大概确定自己属于哪个依恋类型。你需要仔细考量针对不同依恋类型的描述，并诚实地说出哪个类型更加符合自己的情况。

以下是针对不同依恋类型的描述，其中包括小时候经历的不同养育或照料方式，以及与各个依恋类型相关的行为和态度。仔细阅读每一条描述，找出符合你的描述，并把它们写下来；你可能还会发现，不止一种描述符合自己。对自己的成人依恋类型有了初步的概念或者印象之后，你就能在后面的章节中理解这个类型是如何影响你的育儿方式的。

自主型依恋

自主型依恋者通常可以轻松、开放地描述他们的童年经历，并且拥有许多早年的回忆。所以，如果你有一个安全的成长环境，你对朋友或访谈者诉说的故事会是这样的：在描述你和主要照料者，尤其是母亲的关系时，你会说她充满慈爱、幽默风趣，总是在自己身边。在你感到紧张焦虑或者受伤生病时，她能够给你安慰和支持。

你也能够想起一些童年的回忆，这些回忆可以证实上面的描述。你可以轻松流畅地向别人描述这些回忆，甚至其中的很多细节，因此它们听起来是可信的、有条理的，你会愿意去回忆和描述。

自主型依恋的成人还具有以下这些特点。

- 你重视人际关系，相信关系亲密的人在你的生活中很重要。
- 你会花时间去维护亲密关系。当你想要分享开心的体验，或者因为生活中的遭遇感到焦虑或难过，需要支持和关心时，你会求助关系亲密的人。
- 你也很享受独立和独处。你喜欢自己，对自己的能力和个人品质有信心，喜欢自己完成一些活动。
- 你可以接受自己的配偶、伴侣或孩子和你分开，也可以接受他们拥有其他重要的关系。
- 当在人际关系中遇到问题时，你会认真考虑，承担自己应当承担的责任。你能够进行自我反思，承认自己的错误，并从中吸取教训，改变自己的行为。
- 你相信自己能够解决关系中存在的问题，不担心冲突会给关系带来威胁，导致关系终结。
- 这种自我接纳的能力，也能够让你接受别人的差异性。

你可以接受自己的伴侣、父母或亲密的朋友对问题有着不同的看法或观点，对育儿有着不同的理念。

- 你可以用一种平和的方式表达自己在关系中的需求、愿望和感受。

- 你可以对他人（包括你的孩子）的需求和感受抱有同情、共情和理解。

- 你有时可以毫无怨言地把自己的需求和感受放在一边，转而去满足伴侣的需求。你能够这样做，是因为你的经历告诉你，自己的需求会在其他时候得到满足。

- 别人想要让你这样的人成为自己的朋友、伴侣或父母。你可能在事业、养育子女和亲密关系这些方面都很成功。你通常比较自信，有安全感。

获得性安全型依恋

"获得性安全型依恋（Earned Security）"是玛丽·梅因博士及其同事提出的一个概念，它解释了为什么有些人所描述的童年经历很糟糕，却在成人依恋访谈中被评估为自主型依恋，或者在关系中表现为安全型依恋（可参考上面的描述）。

对于那些在不安全的养育环境中长大的人来说，这个概念给他们带来了很大的希望——他们可以通过自身的努力来形成安全的成人依恋。如何才能克服这样的不利环境，形成安全的成人依恋呢？这可能需要具备几个要素。

在孩子的生活中，可能有替代性的依恋对象。这个人可能是孩子经常见到的朋友的父母，对孩子表现出关心和爱护；也可能是一位老师，他了解孩子艰难的家庭生活，并给予孩子很多支持和养育，在至少一个学期的时间里，老师几乎每天都要和孩子们见面，因此他们可以扮演依恋对象的角色，也可能是孩子的一个亲戚，比如祖父母、阿姨或叔叔，爱护关心孩子，孩子也可以经常见到他。要想对孩子的依恋产生影响，替代性依恋对象必须经常与孩子共处，并且共处的时间不能太短。只有当孩子有很多时间与这个成人待在一起，孩子才会吸收和他在一起的积极体验，开始相信自己是可爱和有价值的。

进入青春期之后，孩子可能会意识到，父母并不能始终如一地关心自己，也没有太多的时间陪伴自己，甚至会忽视和虐待自己。因为青少年的大脑——特别是大脑主管思考和分析的区域——正在迅速变化，所以他们有更强的能力去思考自己的家庭状况。此时，同伴成了青少年更加重要的依恋对象，他可能会寻找能够给予自己支持的同伴。他们的朋友可能会了解他们的处境，并在他们面临困境的时候继续保持这段关系。青少年可能会感受到，朋友或者朋友的父母对自己是关心和理解的。他们可能会开始相信，其他人并不会像自己的父母那样，并且对亲密关系逐渐产生信任。

成年之后，他们可能会选择一位能够给予自己无条件的爱的伴侣，这会改变他们对人际关系的消极信念和对自己的看法。这可能是机缘巧合，也可能是因为他们早就确定，不想选择一个与父母相像的人作为自己的伴侣。

儿童、青少年或成人都可能会接受心理治疗，并与治疗师建立起一种能够提供关心、爱抚和支持的关系。渐渐地，这种关系将他们过去消极的自我认知和对人际关系的不信任转变为积极的信念，从而获得安全感。尤其是青少年和成人，他们能够通过治疗来审视自己童年的早期经历，理解这种经历对自己个性的影响。他们开始尝试在治疗关系中变得更加开放和信任对方，最终将这种开放和信任转移到生活关系中。

通常情况下，获得性安全型依恋者已经意识到童年经历给自己的人际关系带来了很大的阻碍，但也蕴含着积极的部分。他们明白为什么父母对自己的养育如此糟糕，而且可能已经原谅他们。他们带着这样的洞察来改变自己的人际关系模式，开始认为自己是有价值的，可以在生活中获得关爱，取得成功。

因此，他们获得了安全感。如果你认为自己属于这个类型，那么在一般情况下，你是有安全感的。不过有些时候，你面对自己的孩子可能会感到无力，会反应过度或者想要全身而退。但同时，你会对自己的反应进行思考，让自己冷静下来，强迫自己给予孩子关注。如果你确实需要离开一会儿，那么当你重新回到孩子身边时，你会给他一个充满抚慰和关爱的回应。

案例：

我将以自己作为这一类型的案例。我的儿童依恋类型是回避型，在成年早期，我属于拒绝型依恋。我很难与人亲近，也很难在恋爱关系中许下承诺；我在事业上非常成功，但在亲密关系方面却有些问题；我不会表达脆弱的情感，也不会向别人寻求支持。通过接受治疗和建立其他健康的人际关系，我理解了自己的童年，接纳了早期的一些艰难体验，努力做出改变，最终获得了安全感，并且能够觉察和表达自己的情感。现在的我属于获得性安全成人依恋这个类型。

我记得在女儿年幼的时候，有一次她惹恼了我，但是我并没有表达自己的愤怒，而是开始想要控制、挑剔和惩罚她。女儿说："你说话的样子就像外婆。"因为我母亲的童年经历比较艰辛，这导致她一直是一位冷漠的、无法给予孩子情感关注的母亲。母亲一直对我很愤怒，因为我不是她理想中女儿的样子，她常常批评我、控制我。所以，当我听到女儿说出这句话时，我感到很震惊，毕竟我一直很努力地避免成为像母亲那样的人。然而，我的女儿说得没错，我不得不停下来反思，在那一刻我采取了怎样的养育方式。后来，我向她道了歉，通过聊天解决了彼此之间的问题。我现在之所以能做到这一切，应该归功于我成了获得性安全型依恋型的人。

先占型依恋

想要判断自己是否属于这个依恋类型的人，可以阅读以下描述，看看它们是否与你吻合。

当你向一位治疗师描述自己的童年经历时，你的描述常常是令人困惑和杂乱无章的。你会说自己的母亲或主要照料者有时非常完美，全身心地陪伴自己，有时却会很愤怒，会排斥你；你会说自己无法预测她将产生什么样的情绪，所以总是在确认这一点；你也可能会说，自己对母亲感到紧张和愤怒。

与上述情况相反，你也可能会说自己的母亲或主要照料者对自己过于关心，对你表现出来的一丁点独立性都感到焦虑。

你的父母会需要你陪在他们身边，还会过度介入你的学业、交友等各种活动。

进入成年期之后，你仍然有这种焦虑感和不安全感。你认为自己迫切需要人际关系，并且只能依赖他人获得安全感和自我价值感。

- 由于父母的忽远忽近或者过度介入，你对伴侣是否能关注自己非常警觉，很容易产生嫉妒，缺乏安全感。你总是挂念着自己的伴侣，尤其是自己不在对方身边的时候。因为缺乏安全感，你可能会认为自己的伴侣有了外遇，或是他更加关心同事和朋友，不把你放在心上。你可能会开始监察他们的行踪，或者查看他们的电子邮件和短信。这种不顾一切、吹毛求疵的行为可能会把你在意的人推开，让他们想要疏远你。即使你清楚这样的后果，但也无法控制自己不要这样做。

- 你很难控制自己的情绪。无论是愤怒、悲伤、恐惧、焦虑还是喜悦，你的感受都会很强烈。你可能从小就知道，只有强烈地表达自己的需求，比如通过大发脾气的方式，父母才会注意到自己，你可能一直都相信这一点。但是，现在的你是一个成年人，强烈地表达自己的感受通常只会让别人对你敬而远之。

- 你在养育子女方面也遇到了难题。你可能觉得孩子总是喜欢提出各种要求，容易对他们发火。你不太能允许孩子独立，觉得他们与其他成年人或者其他孩子的关系会对自己造成威胁。然而，有时你又希望孩子能和其他人一起离开，好让自己清静一会儿，这样你就可以专心思考自己的问题，或者有时间和其他人说话了。

- 你很难独立自主，很难独自做出决定，也不太容易相信自己的判断。你依赖别人，希望他们能指导你，也可能需要很多人给你提供建议，但最终你会感到晕头转向，仍然无法做出任何决定。这个问题也同样出现在养育孩子的过程中，你需要向自己的伴侣、父母、朋友或者任何愿意倾听的人请教，到底该怎么对待自己的孩子。

- 你会过度重视你的伴侣（尤其是在一段关系开始的时候），贬低自己。你并不明白对方为什么会选择你，但很快就会陷入这段关系。但是，因为你的情感需求过于强烈，并且过于依赖对方，他们很可能会选择离开。

案例：

六十多岁的索尼娅（Sonia）找到了我，她在漫长的婚姻中遇到了很大的麻烦。她曾经觉得自己的丈夫非常完美，但现在他不再让她那么满意了，她正在纠结自己的婚姻该何去何从。她对丈夫感到愤怒，担心他不再爱她了，但她仍然极其依赖他。索尼娅描述自己的童年很美好，也承认自己总是和父母待在一起，他们从不鼓励她独立自主。她和母亲的关系非常亲近，母亲很爱她，但也会发脾气，对她提出很多要求。因为她的父母经历过严重的创伤，所以觉得自己有必要好好保护女儿，殊不知这种保护是过度的。

当索尼娅遇到彼得（Peter）——她后来的丈夫时，她深深地爱上了他。她觉得他非常完美。他性格外向，富有魅力，事业有成，游历天下。而索尼娅比较腼腆，有点书呆子气，朋友也很少。她完全被彼得吸引了，甚至偷偷地跟踪过他。

最后，彼得向索尼娅求婚了，但是她的父母对彼得并不满意，因为彼得并不认同他们的信仰和文化。他向索尼娅的父亲保证，他会好好照顾她，让她过上幸福的生活。索尼娅如愿嫁给了彼得，她相信自己找到了一个完美的丈夫。她走进了他的世界，加入了他的社交生活，了解他的兴趣爱好，并协助他处理工作。她创造了一幅完美的家庭生活景象——温馨舒适的家，父慈子孝，夫唱妇随。索尼娅逐渐失去了自我，完全跟随着丈夫的生活方式和喜好。母亲去世后，索尼娅更加依赖丈夫，但很快清楚地意识到，他并不能时刻陪伴自己。她注意到，丈夫也会关注别人，并且他更喜欢做自己的事，而不是和她待在一起。她感到愤怒，并且用激烈的行为来表达这种愤怒。直到有一天，她大发雷霆，当着朋友的面拿起一个物件扔向了丈夫。

有了孩子之后，索尼娅的丈夫也不能总是陪伴她，所以她依靠母亲来帮助她抚养孩子。如果丈夫让她一起去旅行，她就会离开孩子，即使这对孩子来说并不是最好的安排。

索尼娅和彼得的关系变得很糟糕，但她内心无法放下他，因为她仍然把他当作一个理想化的丈夫。在婚姻结束后的很长一段时间里，她一直对他念念不忘。离婚之后，她对孩子也越来越挑剔。她觉得自己有权得到他们的陪伴和关注，无法接受他们各自有独立的生活。

拒绝型依恋

想要判断自己的依恋人格是否属于拒绝型依恋，请阅读以下描述，看看它们是否与你吻合。

· 你所描述的童年经历是被忽视、被排斥的，或者父母对你的爱是有条件的，你会否认童年经历对于自己个性发展的重要意义。例如，你可能会说："那是很久以前的事了，跟我现在的生活并没有什么关系。"

- 你可能会把自己的父母理想化，但无法说出任何具体事例来证明他们符合你理想化的描述。例如，你可能会说自己的母亲很伟大，但却不能详细地描述她是如何关爱你、养育你的。

- 你可能无法具体地描述自己的父母或童年早期经历，哪怕是只言片语，你会说自己已经不记得了。

- 你看重自己的独立，更喜欢自给自足、自力更生。在你感到脆弱的时候（如果你允许自己这样做的话），你不太会向他人寻求支持。

- 你会压抑自己脆弱、悲伤或恐惧的感受。你可能会允许自己愤怒，但却无法认识到愤怒的背后其实是需求未被满足所产生的痛苦。

- 你的需求得不到满足是因为在亲密关系中，你不太会表达自己的需求。表达需求会让你认为自己需要依赖别人，这对你来说太可怕了。

- 与亲密关系相比，你更喜欢参与活动。你可能是一个工作狂，热衷于运动和其他业余活动。你更喜欢和别人一起完成某些活动，而不是仅仅交谈和分享感受。

- 如果你怀疑某个人会排斥自己，或者认为对方比自己优秀，你就会对他敬而远之。

· 你可能会认为自己比别人优秀，或者会给别人留下这样的印象。

· 你可能事业有成，在各项活动和一般的社会交往中表现出色，但你的伴侣却会抱怨你在感情上很疏远。

· 你可能擅长为孩子做一些实际的养育事务，比如为他们烹饪美味佳肴，把他们打扮得好看得体，带他们去参加活动，督促他们完成作业。你可能会鼓励他们在学业、体育、艺术或任何你为他们选择的活动中表现出色，甚至可能会要求孩子表现完美。

· 你不擅长给予孩子情感上的关注，倾听他们的担忧或恐惧，或者在他们遇到困难时帮助和安慰他们。事实上，你的孩子可能根本不会向你寻求安慰和支持，因为他们知道无法从你那里获得情感上的关注。

案例：

来访者雷蒙（Raymond）快 40 岁了，他就属于拒绝型成人依恋。他来找我咨询是因为他觉得自己与妻子很疏远，没有亲密的感觉。当我让他描述自己和母亲的关系时，他说她是一位家庭主妇，无法说出更多细节。他说自己的父亲从来不在家里，也不管孩子。总之，他的父母似乎很不关心他。

他提到自己在大学时和一个女孩谈过恋爱。当她去上另一所大学时，他并不想要经常见到她，也不想念她。他偶尔会去看她，觉得这样就可以表明自己对她的忠诚。但最后，女孩还是决定结束这段关系，她觉得他并不接受她，也无法感受到他的爱，他很震惊。分手后，他开始想念她，但却没有告诉她，也没有为了和好做出任何努力。

雷蒙在事业上非常成功，也积极参加运动。他并不期盼着回家陪伴妻子，也感受不到和妻子之间的情感。他搬到离父母很远的地方居住，很少和他们联系，也没有什么亲密的朋友。

雷蒙显然可以被归类为拒绝型成人依恋。他似乎过得不错，事业有成，把大部分业余时间都花在体育运动和流于表面的社交活动上。可是他在成年后一直回避亲密关系，碰触不到自己的感受，也不觉得自己和妻子有多么亲近。当雷蒙有了女儿后，他对还是个婴儿的她没有太多的感情，也没有和妻子一起照顾她。当女儿开始蹒跚学步时，会很兴奋地迎接爸爸回家，这让他感受到了无条件的爱。久而久之，他开始对自己的女儿产生了一种特殊的爱，盼望着能早点回家见到她。幼小的女儿无条件地接纳了他，这让雷蒙第一次感受到了全然的爱。

未解决型依恋

我在前文提到，未解决型依恋者通常在人生中遭受过一些创伤或重大的丧失，这些创伤和丧失仍未得到解决，仍然对当下产生着影响。未解决型依恋者通常会表现出以下的模式。

- 你对童年经历的描述可能会是令人困惑和杂乱无序的，甚至可能说不清楚事情是发生在过去还是现在。有时你会避免谈论自己的经历，因为那段经历太过痛苦，你不想回忆。如果遭受过重大的创伤，你会不太能回忆起自己的童年经历。

- 有很多事件、情境和感官刺激（如味觉、触觉、嗅觉和听觉）都容易触发你的创伤反应。也就是说，你会对某个情境、某个人、某个事件或某个感官刺激产生极端的反应，这种反应与当下发生的事情或者当下的体验并不匹配。这种体验可以是情感上的，也可以是感官上的，包括嗅觉、视觉、触觉、听觉或味觉。

- 你可能会在复杂艰难的讨论或情境中失去判断能力，不清楚到底发生了什么。

- 你可能会在心理上与现实脱节，觉得自己不在当下，和周边的人也没有关系。

- 你可能会无法控制自己的情绪，心情变化不定，却找不到明显的原因，也没有事先的征兆。这种情绪的变化可能会让你的孩子或伴侣感到害怕，但你无法控制它。

- 你可能会夜不能寐，因为创伤的记忆或者令人不安的思绪会不约而至，或者是因为你害怕会做噩梦。因为侵入性的想法和回忆，你无法集中注意力。

- 性的亲密对你来说可能很困难，可能因为你会想起以前不愉快的遭遇。

- 在极端情况下，你可能会丧失记忆，不记得自己在一天或几天内做了什么事情或者去了什么地方。

- 在非常极端和罕见的情况下，你可能会觉得自己不止有一种人格，他们在不同的时间出现。

- 你在养育孩子方面存在困难，是因为你的情绪起伏不定，并且有时候孩子的需求和愿望会触发你的愤怒、退缩或恐惧。你可能并不明白自己为什么会有这样的反应，只是为此感到内疚。

案例：

桑德拉（Sandra）是我的一位来访者，她小时候曾遭受过性侵。她曾试图隐藏这段经历，希望在成年后可以一帆风顺。在事业上她确实取得了一些成功，但在与丈夫的亲密关系上却遇到了困难。如果丈夫称赞或者鼓励她，她就会很容易被他激怒。她会大发雷霆，乱扔东西，最后从家里跑出去。有了孩子之后，她这种可怕的行为并没有停止。在这种愤怒的状态下，她似乎无法意识到，这会对孩子带来多么不好的影响。

你可能会发现，有不止一种描述符合自己的个性或行为。正如我所提到的，通常每个人都会有一个主要的依恋类型，也可能同时会有一个或两个子类型。

我有一个该类型的来访者嘉莉（Carrie），她的母亲无法始终关注她，所以当她还是个孩子时，她面对母亲总是感到紧张和愤怒。有时，嘉莉会进行反抗，不服从母亲，但之后就感觉母亲变得非常冷漠。这使嘉莉非常害怕，所以她又设法把母亲拉回到更亲密的关系中。她变得温柔乖巧，尽其所能来取悦母亲。嘉莉的祖母住得离她比较近，也很关心爱护嘉莉。嘉莉一直相信，当母亲发脾气并排斥自己时，她可以去找祖母。

嘉莉很难信任自己的伴侣，对他不能始终关注自己非常敏感。如果他工作到很晚或者和别人在一起，她就会变得非常嫉妒和生气。她会检查他的电话和电子邮件，坚持认为他和其他女人有染。她会一心专注在这件事上，一次又一次地感觉他不爱她，在和别人约会。她会激动地与他对质，然后发脾气、哭泣，最后乞求他的安慰和保证。她情绪化的行为反映了先占型依恋的心理状态。

嘉莉的伴侣也会向她保证，自己深爱着她，对她很忠诚。有了这种保证，她就可以冷静下来，相信伴侣所说的话，开始自我反省，并说服自己，之所以她会产生这样强烈的反应是因为缺乏安全感。在相对平静的状态下，她对伴侣会有更加符合现实的看法，知道他是一个可靠、值得信赖的男人。她之所以能呈现出这一面，是因为她此刻形成了自主型依恋，而这种依恋风格是在她与祖母的关系中得到内化的。

嘉莉对她的女儿也表现出了两种不同的行为。她的女儿患有心理疾病。有时嘉莉对女儿的感受很敏感，能够表达共情，给她安全感；但有些时候，嘉莉又拒她于千里之外，无法与她建立情感联结，却又清楚自己没有满足女儿的需要。她的女儿最终被安置在一个医疗机构住院治疗。嘉莉仍然在不断努力，让自己变得更有安全感，可以稳定地以同频的方式养育女儿。最终，她做到了这一点。

我希望在本章结束时，你已经对自己的成人依恋类型有了一个初步判断。如果你已经确定自己属于不安全成人依恋中的一种，希望你能够接受这一点，但是不用感到沮丧，更不要觉得自己很糟糕。你之所以形成这样的成人依恋类型，是因为童年早期没有与照料者形成良好的关系。这不是你的错，也不是你父母的错，毕竟他们可能也有过艰难的童年经历。

在本书后面的章节中，我将帮助你理解这两个方面：一是从你的成人依恋类型来看，作为父母的你将面临怎样的挑战；二是你可以如何改变自己的养育行为。

第 **3** 章

养育的
神经生物学

作为父母，你将对孩子的大脑发育产生至关重要的影响。孩子能否建立自我调节能力，大脑发育是否完善，取决于遗传因素和父母为孩子创造的环境。

有数据表明，从孩子的自我调节能力或情绪平衡能力，可以预测他们能否在学业、社交和个人生活方面取得成功。作为父母，你很有必要了解自我调节能力是如何建立的，想要让孩子学会觉察自己的情绪，并以平和、理性的方式表达这些情绪，父母的作用至关重要。

在离开母亲的子宫前，胎儿的所有生理需求都是母亲通过脐带来满足的，根本无须自己表达。母亲必须照顾好自己，尽量放松心情，才能给自己和发育中的胎儿提供适当的营养。

当婴儿呱呱坠地时，他会感到寒冷、潮湿，可能还会感到饥饿。在他出生时，他的数万亿个脑细胞还没有建立连接。而在他出生后，这些细胞立即开始通过电化学刺激物，即神经递质（transmitter）连接起来。把你的大脑想象成一台计算机，它能够与网络空间中的数十亿人连接在一起，不断交流和接收信息。在遗传潜能和环境的双重驱动下，大脑建立了这些联系。只有这些大脑细胞被连接在一起，动作技能、语言、知识、艺术以及许多其他天赋和人际交往才能得以发展。如果细胞未被使用，或者没有建立连接，它们就会被删除。这意味着，与生活在缺乏关爱、混乱和被忽视的环境中的婴儿相比，生活在安全、可预测、丰富有趣的环境中的婴儿，他们的大脑发育更有可能是完善健全的。

例如，如果幼儿在能够接触不同语言的家庭中长大，那么他们大脑中负责语言发展部分的细胞发育就会比较发达。他们的语言学习能力会比只接触过一种语言的孩子强。如果孩子能够频繁接触书本和可以产生刺激的玩具，那么他们的学习成绩可能更好。父母 / 照料者鼓励孩子在幼年上音乐课或参加体育运动，也会促进与这些潜在技能相关的细胞进行连接。而对于一个在成长过程中缺乏这些经历的孩子而言，这些细胞就会消失。"用进废退"，这就是大脑运作的逻辑。被使用的细胞保持连接，而那些没有被使用的细胞就会被删除。

正如我之前所说的，自我调节能力对孩子的一生至关重要。那么，这种能力是如何形成的呢？

出生之后，婴儿立刻就开始表达自己的需求——典型的表现就是啼哭。婴儿的需求是原始的，但却对他的生存至关重要。婴儿需要喝奶、睡觉、换尿布，还有一个安静、卫生的环境。他们也需要得到持续的关爱和抚慰，才能获得情感的发展。

婴儿的生理需求会激活大脑中的应激化学物质，而主要的应激化学物质是皮质醇（cortisol）。如果婴儿饿了，他们会本能地感受到这种需求的压力。这种压力会驱使婴儿去表达自己的需要，就会啼哭。在这种紧张的状态下，应激化学物质会一直被激活，直到婴儿通过进食获得了满足和安慰。一旦这种需求得到满足，应激化学物质就会减少。与此同时，带来愉悦和平静的化学物质，比如血清素（serotonin）就会被激活。血清素被称为"快乐化学物质"，它可以带来愉悦和幸福的感觉。这种压力被激活和抑制的过程会带来平静，这对大脑未来的运作和管理压力的能力至关重要。

应激化学物质和缓解压力的化学物质都是在婴儿神经发育的关键期产生的，通常是在出生后六个月内。这就意味着，如果婴儿的需求没有得到回应，他可能就不会产生那些帮助他减少压力，回归平静的状态的化学物质和相应的神经通路。

在婴儿期，通常是母亲／照料者来减少婴儿的压力，他们通过满足了婴儿的需求，或者排除了产生压力的源头来实现这一点。照料者有责任明确婴儿的需求或让他不舒服的原因是什么，并做出相应的处理。在婴儿早期，照料者就是孩子应激化学物质的调节者。

每位母亲／照料者都需要花一点时间来学习婴儿发出的信号。有些婴儿很容易被安抚，而有些宝宝则比较难"对付"。母亲或照料者认为自己已经清楚了孩子的情况，但可能孩子的需求又发生了变化。领会婴儿发出的信号并非易事，但属于安全型依恋、与婴儿同频互动的母亲会倾听和观察，并及时了解孩子的状况。一位与婴儿同频互动的照料者能够了解孩子的内心世界，并对他的感受、需求和愿望感同身受。这种回应既是一种本能，也可以后天习得。

在这里，我想引用研究婴儿大脑发育的著名神经学家艾伦·肖尔（Allan Schore）所说的一段话：

"众所周知，轴突、树突和突触连接是一切行为的基础，它们的发育绝大多数都发生在人类婴儿期……也就是说，发育发生在母婴密切互动的时期。这一事实表明，婴儿出生后的环境是大脑发育的调节器，而出生后的大脑发育阶段或许可以为早期经历为何会影响后期行为提供解释。"

记得有一次，我在高速公路上开车，当时只有几个月大的女儿突然哭了起来。我无法马上去照顾她，于是她哭得更大声了。我没有找到匝道，不得不继续往前开一段时间。这个时候，她开始大声尖叫。我感到惊慌失措，觉得自己无计可施。我试着通过说话来安慰她，向她保证我很快就会帮助她，但却无济于事。我们俩都处于非常紧张的状态。当我终于能够找到一个安全的地方停车时，我和她都已经崩溃了。她的尿布湿透了，我给她换了尿布，把她抱在怀里好长一段时间，不停地轻声安抚，她才平静下来，慢慢睡着了。而我在接下来很长一段时间内都还处于崩溃之中。

在对我自己的外孙女进行观察和互动的过程中，我证实了这个理论，即婴儿在出生后的几周到几个月内，是依赖照料者来帮助他进行调节的。我亲眼见证了外孙女的出生，在她生命的最初几个月里，我积极参与了她的养育。从她很小的时候起，我就开始留意她发出的各种信号分别代表了什么样的需要。孩子的父母也和我一起进行观察和聆听，领悟出她发出信号的不同含义。这并不简单，需要很长时间。我们也经历过痛苦，听着她因为肠胀气而啼哭却束手无策。我们逐渐了解到，安抚她的一种方法是抱着她，让她在一个大健身球上弹跳。我们每天都会在这上面花几个小时，她自己没法独立做到，完全依赖于我们。我意识到，她的生存和舒适完全依赖于她的照料者，这个认识对我来说有着重要的意义。

婴儿给了我们很多机会，让我们知道他们需要我们的关注，需要我们对他们的需求和愿望做出回应。然而，当婴儿开始认为照料者并不能给予自己关注，会排斥他们、惩罚和伤害他们时，他们就会封闭自己，不再表达自己的需求。长此以往，他们甚至可能无法感受到饥饿，感觉不到湿漉漉的尿布贴在身上有多难受，或者也感觉不到自己需要触摸和拥抱。多年以前，在罗马尼亚以及世界上很多孤儿院里的孩子们都经历过这样的遭遇。而且即使是在当今，在那些资金匮乏、人手不足和疏忽大意的孤儿院里，这样的事情仍在发生。这些婴儿看起来像是患有自闭症或认知障碍，但他们之所以寡言少语，反应迟钝，是由于严重的忽视和虐待所造成的创伤。

几年前，我曾帮助过一个被领养的孩子，后来这对父母在一个欧洲国家领养了他们的第二个孩子。他们联系我说，他们打算领养的那个孩子对他们毫无反应，这让他们非常担心。他们认为这个孩子患有自闭症，所以不想领养这样一位特殊儿童。

他们给我发了一段这个孩子的视频，这个 18 个月大的孩子似乎没有什么情绪，也觉察不到周围的环境。关于这个孩子是否可能患有自闭症，他们想听听我的看法。我不得不进行"隔空诊断"。我注意到，有些被领养的孩子看起来像患有自闭症，是因为他们在孤儿院一直受到忽视，是因为没有照料者回应他们渴望亲密和关爱的信号。他们患上了"机构性自闭症"。

我给了我的来访者一些建议：坚持要求孤儿院允许他们观察孩子与孤儿院里主要照料者之间的互动，否则就放弃领养。我知道这个国家的孤儿院并不想出现这样的结果，他们对境外领养都有严格的规定。最终，孤儿院不情愿地允许了来访者对照料者与孩子之间的互动进行观察。他们观察到，这个孩子会微笑，还会和照料者一起玩耍，感觉如释重负。他们在我的不断支持和鼓励下领养了这个男孩，取名为迪米特里（Dimitri）。

在最初的一段时间里，迪米特里会回避他的养父母，保持着没有情绪和回应的状态。但后来，他越来越信任他们，渐渐成为一个快乐而善于表达的孩子。这对父母了解孩子对亲密关系的不信任，在他拒绝和疏远他们的漫长过程中，他们总是保持着耐心和爱心。他们对迪米特里冷静、富有共情和充满支持的回应，让他逐渐能够正视自己的需求、欲望和感受，并将它们传达给父母。他一旦表达了这些，并且能够体验到父母始终如一的爱、关心和理解，就开始相信照料者和其他成年人是可以信任的。因此，他开始允许自己与父母亲近，并向他们展现自己脆弱的一面。

经过一段时间之后，学步期的孩子会形成自我调节能力，将大脑的情感和理性部分整合起来。他们也将能够通过语言向照料者表达自己的需求。孩子会觉察到自己内心的压力并通过自我安慰或者求助于身边的父母／照料者来减少压力。大一点的孩子能够停下来思考为什么自己会有某种不适的感受，然后向成年人寻求支持，或者自己找到解决方案。

父母／照料者对孩子需求、愿望和感受的回应，将会由他们的成人依恋类型决定。接下来，我们详细讨论一下。

自主型成人依恋的照料者会本能地给予孩子同频的回应。正如前文所述，同频就是能够及时准确解读孩子的内心体验，并与之产生共鸣。具有同频能力的妈妈会分辨出不同哭声的含义，这种哭声表示孩子累了，如果再哭几下或者几秒钟，他就会睡着；那种哭声是表示孩子饿了，该给他喂奶了；而另一种似乎听起来更加不安的哭声是在告诉母亲／照料者，有什么事情让孩子感觉不舒服，她会看看尿布是不是脏了，检查一下是否有其他可能会给孩子带来困扰的事情，比如出牙、胀气或者有什么地方疼痛。在寻找孩子啼哭的原因时，同频的照料者会不断安慰孩子同时自己保持冷静。

分辨不同哭声和手势的含义需要一些时间，没有哪位照料者一开始就会了解这些。

我女儿几个月大的时候，她总是不停地哭。我尝试了自己知道的所有办法来安抚她，但还是不知道症结在哪，于是我越来越紧张无助。虽然我可以从丈夫那里得到一些安慰，但我们俩仍然很担心。最后，我带女儿去看了家庭医生。医生也并没有发现任何问题，安慰我说这很可能是胀气引起的绞痛。她鼓励我尝试用不同的动作来缓解她的胃痛。最终我发现，抱着她屈膝上下移动，做大概几百个深蹲，是唯一能让她感觉舒适的动作。我每天都会这样做好几个小时，我最好的朋友也会过来帮助我，抱着我的女儿上下移动；我丈夫在下班后也会接替我。在这个过程中，我们三个人的大腿都变得更加健壮了，而我的女儿也慢慢长大，脱离了这个痛苦的阶段。

我能够找到缓解女儿胀气的方法，是因为我有足够的安全感，不会情绪化地面对她不舒服的哭声。我能够保持冷静，尝试用各种方法安抚她，并且在自己沮丧或疲倦时向别人寻求帮助。

我的外孙女也遇到了相同的情况。她的父母和我轮流抱着她坐在健身球上弹跳，以此安抚她。

不安全成人依恋的照料者可能会缺乏同频的能力，无法给予孩子共情的回应。因为孩子把生存的本能需求放在第一位，所以他们总会找到与照料者共存的最佳方案，是和照料者斗智斗勇，还是回避照料者，或者封闭自己的所有需求和感受。在接下来的章节中，我会对这一点进行详细的阐述，并且会解释孩子的大脑如何适应与照料者的关系，因而形成不同程度的自我调节能力。

正如前文所述，婴儿的生存依赖于他们的母亲／照料者。这意味着，婴儿需要弄清楚怎样做才能确保照料者关注自己。如果母亲属于安全型依恋，孩子就会慢慢相信，她可以及时、敏锐地回应自己，自己所要做的就是用适当的声音或动作表达需求。

如果孩子的母亲／照料者并不可靠，不值得信任，也没有准确及时地做出反应，孩子就会更加大声、更加强烈地表达自己的需求和愿望，这时，母亲才会做出反应，但可能会带着些许气愤或懊恼。这是先占型依恋的母亲／照料者的典型反应，她们有时会把自己的需求看得更重要，因为她们的心思总是在其他无法关注自己的成年人身上。这类母亲／照料者的孩子了解到的是，自己必须通过强烈的情绪来表达需求，母亲／照料者总是无法关注自己。这样的孩子会一直处于情绪高亢的状态。

还有些孩子意识到，无论他们多么大声和强烈地表达自己的需求，照料者都不会关注他们，或者照料者的回应夹杂着敌意和排斥。这样的孩子学会了压抑自己的需求，因为没有人会来关心他们。他们可能会停止哭泣，并不再主动接触照料者；他们可能看起来很平静，因为经验告诉他们，表达自己的需求是毫无意义的事。这些孩子抹杀了自己的需求和愿望，他们的大脑也无法接触到这些。

在极端的情况下，一些孩子可能会停止生长和发育。比如，生活在孤儿院里的婴儿可能学会了自我刺激，因为没有成年人可以和他们一起玩，对他们感兴趣。他们可能会摇晃自己，把头撞在婴儿床上，盯着自己的手，或者找到其他刺激或安抚自己的方法，不再依赖照料者。许多领养过婴儿和学步期儿童的父母，都目睹过他们领养的孩子采取这些错误的自我安慰方式。

有些照料者会尽力照顾婴儿，给婴儿用奶瓶喂奶、换尿布或者哄他入睡，但却不能给予婴儿所需要的温暖、关爱和安慰。他们可以完成照料的任务，但不会表达爱、感情和理解。这些孩子看起来被照顾得很好，衣食无忧，但他们却缺乏与父母的特殊情感联结。或者，如果这些父母在孩子感到紧张不安的时候安抚他，就会激发父母自身的不胜任感，于是他们可能会对孩子感到愤怒，想要回避孩子。这类照料者往往属于拒绝型成人依恋。

未解决型成人依恋的父母给婴儿正在发育的大脑所带来的伤害是最大的。孩子无法知道从母亲／照料者那里得到满足的最佳策略是什么。照料者的回应缺乏规律，有时照料者是同频的、给予关注的，有时却不可接近，还有些时候照料者是可怕的、愤怒的，给孩子带来痛苦。孩子大脑的化学物质始终处于紧张不安的状态，让照料者关注自己的方式也是混乱无序的。有时孩子会不停哭闹，可能会打照料者，有时会不理睬照料者，有时候他们似乎完全没有回应，处于一种冻结状态。

如果你认为自己属于不安全成人依恋中的一个类别，那么你的孩子会产生紊乱，以冲动和强烈的方式表达情绪，或者他会过度调节，压抑自己的情绪。想要改变孩子的情绪表达方式，你可以做自己的功课，努力提高自己的情绪调节能力。你可以让孩子在和你的关系中获得安全感，这样他们就能够调节自己的情绪，自由地表达他们的感受。大脑中控制情绪表达的部分——边缘系统（Limbic System）在人的一生中都可以保持弹性，并且可以因为一致的、敏锐的回应发生改变。通过改变或修正你的成人依恋类型，你也可以让孩子的大脑发生改变。

我们如何体验世界，如何与他人相处，如何找到生活的意义，都取决于我们如何调节自己的情绪。

第 **4** 章

成人依恋
及其对养育的影响

不同类型的成人依恋会给养育子女带来不同的挑战。了解自己的主要依恋类型和所面临的挑战，将会帮助你成为更成功、更理智的父母。

自主型依恋

一般来说，自主型依恋者会更容易养育孩子，因为安全型依恋可以让他们做到以下几点。

- 即使在遇到困境的时候，他们也会重视与孩子的关系。
- 对孩子表达共情。
- 在与孩子的互动中获得乐趣。

- 不会把孩子的挑战和错误归咎于自己。
- 把自己的需求和愿望放在一边，专注于孩子的需要。
- 始终如一地提供支持和引导。

自主型依恋的父母在与孩子相处时也会遇到挑战，但他们能够更冷静、更理性地处理，也能够向他人寻求支持和指导。在面对有特殊需要，或正在经历困难阶段的孩子时，他们会善于变通。他们也会感到疲惫和愤怒，但会在筋疲力尽之后尽快恢复过来，不会因此责备孩子，也不会责怪自己，觉得自己不称职。

安全型依恋的父母对养育孩子过程中的挑战有着客观的认识。如果与孩子之间发生问题，他们会自我反思，愿意承担属于自己的那部分责任。他们也会善待自己，接受自己在养育孩子时可能会犯错。

先占型依恋

让我们回顾一下对先占型依恋者的性格和行为的描述，但这些描述并不是在批评你。在年幼时，你之所以会形成这些信

念和行为，是因为它们可以满足你对亲密、关怀和安全感的
需要。

- 你对自己的看法在很大程度上取决于他人。
- 你不喜欢独自一人，独处时你会感到焦虑，有时觉得内心很空虚。
- 你非常渴望和别人待在一起，不愿意独处或者独立做一件事。
- 你会很快喜欢上别人，即使对方可能对你并不太感兴趣，或者你们只是刚刚认识。
- 如果对方不再那么热情，你会感到不安，甚至和其纠缠不清。
- 你很难控制自己的情绪。如果发现某人对你没那么在意，或者在你需要他的时候不在你身边，你会很生气。
- 你很难独立做决定，需要很多人给你建议。
- 你对别人不能关注自己非常敏感，可能会误解他们的行为。当他们没有给你打电话、迟到、不得不取消约会或活动，在向你进行解释时，你可能会不相信他们所说的理由。
- 你一心想着那些让你失望、不关注你、已经和你分手的

人。有关他们的想法在脑海中挥之不去，你无法控制，也无法转移自己的注意力。当你想到这些人时，你就会怒火中烧，你可能会想要伤害他们，或者想要进行报复。

· 在亲密关系中，你可能会非常矛盾。因为一方面，你非常依赖自己的伴侣、配偶、好友或父母；另一方面，你又非常不信任他们，害怕他们会排斥自己，不关注自己，或者并不需要自己。

· 你很可能会把自己的伴侣或配偶理想化，同时贬低自己——这让你觉得自己没有价值，是个很糟糕的人。

作为父母，你将会拥有这些优势：

· 你可以表达自己的感受，表现出温暖和关爱。
· 你有时会很有趣，也可以给孩子情感上的关注。
· 即使有些反复无常，你仍然很重视与孩子的关系。
· 你会关心孩子的学业和活动。

因为你拥有这些优势，孩子会渴望和你在一起，喜欢你的陪伴。

在养育孩子方面，你将会面临这些挑战：

- 你可能会因为正在担心和思虑其他关系而不能稳定地关注孩子，并且有时你会优先考虑自己的需求，而不是孩子的需求。例如，如果你的伴侣没有准时回家，你就会一心想知道他们在哪里，为什么没有给你打电话，甚至怀疑他是不是和别人在一起。在这种忧心忡忡的状态下，你可能很难对孩子保持关注。你可能会忽略你的孩子，即使他们正需要你的帮助，或者想要你陪伴他们。

- 你可能会因为伴侣不在身边或者孤身一人而感到冷清，渴望其他成年人的关注。你会跟自己的朋友、父母或其他人联络，或者请他们来家里做客。如果孩子需要你的关注，你可能无法专注地对待他，因为你自己的需求是如此强烈。你可能会忽视孩子，对他发脾气，拒绝他，告诉他去忙自己的事。

- 在你一心关注自己所担忧的事情时，可能会觉得孩子的需要和请求非常烦人。你可能会对他们大喊大叫、惩罚他们，或者继续忽视他们。

- 你可能会过度卷入与孩子的关系，无法让他们独立自主地参加一些活动，或是和其他人交往。你可能会守在他们身边，参与他们生活中大部分的事务，并让他们经常与你沟通。你总是过度地担心他们，牵挂他们。

案例：

明迪（Mindy）是一位具有先占型依恋特征的女性。她非常依赖丈夫，把他理想化，总是因为他不在身边而焦虑愤怒。她觉得比起和她在一起，他更喜欢工作和健身。明迪生了个宝宝，希望这样能稳固自己的婚姻。

有一次，她带着宝宝来进行咨询，她到的时候孩子还在睡觉。明迪在咨询过程中心烦意乱，抱怨自己的丈夫不能陪伴她，感觉自己无力改变这样的处境。当她的宝宝醒来并开始哼哼唧唧时，明迪在她嘴里放了一个安抚奶嘴，并没有太关注她。孩子含着奶嘴，安静了一小会儿，但过了一段时间，她开始变得烦躁，啼哭了起来。明迪显然有点不耐烦，勉强试图去关注她，安慰她，于是又心不在焉地给了她一个奶瓶，然后转身继续讨论自己的丈夫。宝宝仍然烦躁不安，显然需要母亲的关注。但明迪无法把自己的需要放在一边，给予孩子全部的关注。

如果你一直忽视你的孩子，他们可能会认为，自己必须提出更多要求，并以更激烈的方式表达自己的需求和愿望。你越生气，他们就越是无理取闹——这种互动可能会带来更大的危害，会让你在养育过程中更加喜欢惩罚和攻击孩子。

在你感到愤怒的时候，你和孩子都无法释放爱和善意，彼此敬而远之。孩子可能最终会被你冷漠和拒绝的行为吓坏，并试图找到方法来把你拉回亲密的关系。假装生病也可能是其中的一种策略，他们只是希望重新获得你的关心。

你可能需要孩子来照顾你，成为你的朋友，或者通过他们的活动来满足自己的需求。这可能是因为你喜欢依赖别人，希望孩子能帮助自己感到完整。这并不是孩子在健康的亲子关系中应当扮演的角色。如果你是一位单亲家长，或者伴侣无法给予你情感关注，那么你和孩子之间就更可能会存在这种不合适的关系。

在前文中，我曾经提及过这个案例。索尼娅属于先占型成人依恋，她非常依赖自己的丈夫。当婚姻关系日益恶化时，她变得更加依赖儿子，需要他来照顾自己，倾诉自己婚姻中的问题。她对儿子越来越索求无度，不停地向他诉说自己对前夫的执念。儿子很同情和理解母亲，但同时也在给她设立一些界限。最后，当我在治疗中与他们见面时，他对母亲大发脾气，用力地砸了墙壁和桌子。他向我解释说，他小时候也曾对母亲表达过这样的愤怒，因为母亲对他的要求太多，并且无法始终关注自己的需求和感受。

你可能会过度溺爱孩子，因为你很难设立规则，也不太会处理孩子表达出来的愤怒或失望。

杰克（Jack）就是一个典型的例子，他对孩子的管教方式非常不稳定。他并不会根据孩子的行为来设立规则，而是要看自己的心情。有时他会以共情又坚定的态度设立规则，有时又懒得去执行这些规则，有时又会以惩罚的态度来执行规则，孩子们不清楚自己将会面对什么样的情形，所以一般会无视这些规则，而在他们的父亲开始大喊大叫和惩罚他们时，他们会非常害怕。

孩子会与其他成年人或同龄人建立关系，这可能会让你产生危机感。如果你想让孩子成为自己的伴侣，满足自己作为成年人对亲密情感的需求，你可能会觉得他们的其他关系对自己造成了威胁，这包括他们与亲属、老师、同龄人甚至另一位父母的关系。

我的另一位来访者属于先占型成人依恋，她很嫉妒孩子们与他们父亲之间的关系。她承认，他是一位伟大的父亲，能够耐心地关爱孩子们。但有时候，她也会因为他们爱着父亲，并且觉得他们更喜欢跟父亲在一起而感到气愤。当丈夫回到家，孩子们从她身边离开，转而奔向父亲时，或者当她回家，孩子们并不出来迎接她时，她就感到自己的地位受到了威胁。

另一位来访者说，她的母亲会非常积极地参与自己所有的活动，包括每一项体育训练和赛事，必要时还会随队出差旅行。虽然所有人都认为这位母亲非常伟大，但我的来访者却认为，母亲之所以如此投入，是为了满足她自己的自恋需求。她渴望自己独自外出旅行，不需要母亲陪伴。

有一些父母，当孩子试图引起他们的注意时，他们却在玩手机。面对先占型依恋的父母，孩子一开始会用正常的声音叫"妈妈"，然后就会越来越大声。"妈妈，妈妈，妈—妈，妈—妈，妈——妈。"最后，孩子可能会对着母亲大喊大叫，直到她终于放下手机，开始注意自己。下次你在商场的时候，可以听听孩子不停呼唤父母的声音，声音会变得越来越响亮、紧张和愤怒。

大多数先占型依恋的成年人很难信任他人，对别人是否关注自己极为敏感。这种不信任感所产生的焦虑和愤怒通常会指向其他成年人，但也可以指向孩子。在理性层面上，你可能会明白自己需要始终关注孩子，以他们的需求和感受为重，但却很难真正做到。你的孩子可能已经表现出挑剔、焦虑、黏人和愤怒的状态。他们之所以会表现出这样的行为，是因为他们认为，引起你注意的最好方法就是用激烈的方式提出自己的要求。

渐渐地，你可能会疏远自己的孩子，因为你被他们无休止的要求、反抗和攻击弄得筋疲力尽。你可能会忽略你的孩子，离开他们回自己的房间休息。你可能对孩子非常生气，因此把自己锁在卫生间和卧室里，或者离家出走。当你这样做的时候，孩子可能会因为你的远离和愤怒而害怕。他们可能会意识到自己好像做得过分了，所以不能再得到你的关注。孩子可能会变得更加可爱乖巧，想把你拉回到这段关系中。但假设一下，如果你仍然很生气，不想和自己的孩子重归于好，那么你的孩子就需要尝试更激烈的措施来迫使你关注他们。他们可能会声称自己生病或受伤了，让你无法置之不理。然后你可能会走出房间，去照顾他们，他们就会安定下来，你们重新感受到彼此的亲密和爱。这种关系不会持续太久，因为你们都没有调整自己的基本信念，那就是没有人能始终关注自己。你的孩子会继续尝试很多策略来获得你的关注，但最终会再次变得愤怒，不信任别人。

重要的是，你需要理解这一点：你之所以会形成焦虑型成人依恋，是由于你童年早期的经历。我希望你可以面对自己的课题，解决过去的问题，形成安全的成人依恋。只有这样，你的个人改变才会更加深刻，并且获得安全感。有了安全感后，你就可以更加稳定地为孩子提供情感上的关注。这种更深层次的改变可能意味着，你自己必须接受心理治疗。这种深刻的改变需要一些时间，但你的孩子仍然需要体验到你是关注他们的，可以共情他们的需求和感受。所以，在你努力改变自己，善待自己的同时，我想指出一些你在养育孩子方面需要改进的地方。

你需要增强面临困境的自我觉察和责任感，这样可以帮助你减少对孩子的愤怒。

你需要明白，在认为自己的需求不能从伴侣、配偶、好友或父母那里得到满足时，你很难专注于孩子的需求、愿望和感受。你的大脑会自动形成对亲密关系的思考，会被他们不关注自己的想法和感受所占据。

你必须非常努力，才能不让自己沉浸在他们无法满足自己需求的想法中。你可以强迫自己专注于其他事情，比如工作、活动、读书、看电视，或者任何可以分散注意力的事情。慢慢地，你就会发现哪种做法比较有效，并使用这些方法来及时阻止自己反复出现而无用的想法。

对于自己参与孩子的学业和课外活动这件事，你需要进行坦诚的思考。你的参与到底是为了支持和鼓励孩子，还是因为你缺乏自我，需要依赖别人，也没有自己的兴趣爱好？你必须努力成为一个独立自主、有安全感的人，可以为自己的成就感到自豪。

如果你能够觉察和接纳自己属于先占型依恋，并且也能觉察到那些挥之不去的情绪与想法，那么这就可以帮助你以不同的态度对待孩子。成人依恋是你个性和养育方式的一部分，如果能真正认识并接受这一点，你就可能会对自己更加宽容，也不会对孩子那么愤怒。

关于先占型依恋的父母该如何改变自己的养育方式，我将在第 5 章提供更多的练习和指导建议。

拒绝型依恋

如果你把自己归为拒绝型依恋，那么在人际关系和养育子女方面，你将面临与其他成人依恋类型不同的挑战。

你可能会表现出以下特征和行为：

- 你可能在亲密关系方面有很大的困难，可能无法对任何人感觉到亲近。
- 你看重自己的独立和成功。
- 你可能无法觉察到自己的情绪，或者即使有一些感受，也很难表达出来。
- 对你来说，你很难表达脆弱、悲伤或焦虑的感受。
- 你可能更容易表达和愤怒相关的感受，因为这不会让你感到脆弱。
- 你可能会觉得在情感上无法亲近自己的伴侣或孩子。
- 比起亲密的人际关系或者和别人一起休闲放松，你更愿意投入到工作、职业活动中。
- 你希望在工作和各项活动中都能做到出类拔萃，所以把大部分时间都花在了工作和活动上。
- 你可能在两性关系中存在困难，或者不理解两性关系中的亲密情感。
- 你喜欢自己解决问题，而不是与自己的伴侣、朋友和同事讨论问题。你会制定出自己的解决方案并付诸行动。
- 你可能会给人安全、自信和稳定的印象。这是因为你功成名就，并且表现出冷静和克制的个性。在这样的外表之下，你其实是一个害怕亲密关系的人：你不相信别人会无条件地接纳自己。

案例：

肯（Ken）是一位成功的企业家，他很有魅力，身材匀称，在社交场合也谈笑自如。他看起来充满自信，目标清晰，愿意接受新的挑战，对自己做的重要决定都胸有成竹。他已经结婚了，有一个年幼的孩子。当我们在治疗过程中建立信任之后，他说自己在独自一人的时候感到非常孤独和苦闷。他告诉我，在年轻的时候他也曾想结束自己的生命，这样就再也不会感受到孤独所带来的痛苦。

作为拒绝型依恋的父母，你会有这些优势：

· 你通常是理性的，因此哪怕是在与孩子关系紧张的时候，你也能做出明智的选择。

· 对你的伴侣来说，你可以起到很好的平衡作用，因为他们在养育孩子的过程中可能更加情绪化。

· 你可能会在理财方面很成功，因此能够为孩子提供经济支持，并确保他们有稳定舒适的生活。

- 你可能会非常重视并鼓励孩子参与体育和课外活动，并且会亲自参与这些活动。
- 你可能会支持孩子在学业上取得成就，并参与他们的学校活动。

然而，你作为父母所表现出的优势也可能会成为你的局限。你可能会表现出以下行为，它们都不利于培养孩子的信任感和安全感：

- 你可能很难和孩子同频。这意味着你很难理解孩子的感受和需求，不明白他们通过某些行为想要表达什么。
- 你会倾向于关注孩子的行为，并且就事论事，而不去思考这样的行为意味着什么，也不在意行为背后的感受和需求是什么。

例如，有一对父母来找我治疗，因为他们15岁的儿子罗尼（Ronny）不愿意上学。罗尼在学校一直表现很好，在课外活动中他表现也很优秀，同学们都很喜欢他，但后来有一科成绩比较差。父亲吉恩（Jean）要求儿子起床去上学，但因为儿子拒不起床又一直哭，他变得火冒三丈，最终生气地夺门而出，不再理会儿子。母亲感到非常无助，不知道该怎么办。在尝试了其他形式的治疗之后，他们最终找到了我。

我了解到，吉恩从小就认为，自己必须成为最优秀的学生。他刻苦学习，想要考入国内最好的大学，但他被二流的大学录取了，他一直对此事无法释怀。现在的吉恩把更多的精力放在自己的事业上，花更多的时间去工作和出差，并没有陪伴家人。他觉得作为一位负责的家长，自己应该抽出时间关心儿子的学习成绩和其他活动。在家庭治疗中，罗尼说出了自己的感受：在考砸了之后，他觉得自己是个失败者，而且现在他害怕在学校会不及格。他觉得，自己永远都不可能成为父亲心目中那个优秀的学生。

我告诉吉恩，他把自己的信念传递给了儿子——只有做到最好，父母才能接纳自己。这时他哭了起来。他承认自己因为没有做到最好而感到羞愧，并且希望儿子不会有这种感觉。我建议吉恩在继续家庭治疗的同时进行个人治疗。经过一段时间的治疗，罗尼开始上学，他的母亲开始更加积极地与丈夫的要求进行抗争，支持罗尼自己的愿望和需求。虽然吉恩不愿意参加个人治疗，但确实在家庭治疗中也为儿子提供了很多的支持。

- 你可能没有足够的时间与自己的孩子共度美好时光。你可能会早出晚归，在吃早餐、放学和睡觉前，孩子可能都看不到你的身影。

- 也许意识不到自己和孩子不够亲近，但他们肯定会有这样的感觉，并且希望你能更多地陪伴自己。

另一位来访者杰夫（Jeff）立志要成为事务所里最好的律师。他努力工作，希望可以当上合伙人。他想组建一个家庭，当他的妻子先后生了两个孩子时，他非常激动。妻子放弃了自己的事业，在家里照顾孩子。慢慢地，在发现丈夫无法陪伴自己和孩子们时，妻子开始有了怨言。杰夫确实为家庭提供了不错的经济支持，但孩子们的种种要求让妻子觉得不堪重负。两个孩子在学校都不太顺利，而且对母亲有些反感。她要求自己的丈夫花心思陪伴孩子们，他就带孩子们参加晚上的曲棍球比赛。他无法理解为什么妻子对他如此生气，也不明白为什么孩子们在学校表现欠佳。他相信，自己为孩子们提供的生活应该能让他们出类拔萃。但妻子并不感激他为家庭所做的一切。他不明白的是，为什么自己的家人都需要他给予情感上的关注。

- 你更加关注孩子所取得的成就，而不是无条件地接纳他们。无条件接纳并不意味着，你不期待孩子在学校和其他活动中表现出色，而是你对他们的期望应该建立在孩子的兴趣和能力基础之上。你不应该因为自己的需求或者社会地位而对他们抱有期望。

众所周知，美国的一些父母会想办法让自己的孩子进入名牌学校。这些父母希望自己的孩子看起来成就非凡，尽管他们在学业上并不出色，也不具备被这些学校录取的资格。这传递给他们的孩子两个信息：父母认为自己的成绩还不够优秀，还有自己也不需要努力，因为父母能够让他们进入名校。

- 你在育儿方面有些专制，更多地关注规矩、惯例、行为准则、后果和惩罚。我并不是说这些规矩和准则不重要，它们的确是教养子女的一个重要部分，不过在实施的过程中，父母应该给孩子充分的安全感，并鼓励他们尽力而为。如果孩子在学校或其他方面不守规矩或者表现欠佳，父母应该探寻和理解孩子的感受和体验，而不是对他们的行为进行惩罚。

我曾经和一对父母一起工作，他们领养了一对兄弟。其中一个孩子的学习进展十分不顺。他会把家庭作业丢掉，撒谎说自己没有家庭作业，更不写作业。他的父母让他写作业，他却三心二意、心不在焉，父母很生气。我让他的父母少关心孩子的学业，多关注自己和儿子之间的情感联系，而这对他们来说极其困难。父母二人自己在学习和事业上都名列前茅，取得成就这一点对他们来说很重要。他们不理解，为什么自己的儿子在学校表现能这么差，他们知道自己的儿子其实很聪明。但对于父母的要求，孩子非常抵触，于是他们对他就无法和颜悦色。如果孩子没有完成自己的任务或家庭作业，父母就不让他玩了。

虽然在很多事情上，你想让孩子满足自己的需求，但你却不能满足他们的需求。你也不会去了解他们的兴趣爱好，更不会在情感上给予关注。你可能需要孩子告诉你，自己的相貌有多么出众，才华有多么非凡，是多么伟大的父母；你可能喜欢让自己看起来光彩照人，总是精心装扮自己，热衷于购买化妆品和服饰。你的孩子可能逐渐学到，他们必须把自己的需求和愿望放在一边，让你觉得自己才是美丽的、与众不同的。如果孩子满足了你自恋的心理需求，你就会关注并欣赏他们，但你这样做本质上是为了自己的需求，而不是孩子的需求。

有一位年长的女性，我们叫她里基（Rickie）。她一生都非常自恋，觉得自己非常美貌，并且风趣迷人。每次经过镜子时，里基都会照照自己，整理一下自己的仪容。她的儿子迈克

（Mike）学会了满足母亲的这些需求，于是他会告诉母亲，她是多么的美丽出众，这样让她感觉到自己被需要、被重视，并且与众不同。她的女儿玛蒂（Maddie）在很小的时候就知道，母亲不能满足她的需要，所以她想要变得更加独立。玛蒂总是想讨母亲欢心，为此她变得事业有成，积极组织家庭活动，又在母亲年迈时尽心照顾。然而，玛蒂却没有用母亲需要的方式去讨好她，也不能满足她对美貌和外表的虚荣心。总的来说，里基非常排斥自己的女儿，总是对她很挑剔，她并不是母亲想要的那个女儿。

如果你意识到自己是一位拒绝型依恋的父母，那么你需要通过了解自己的童年经历来努力获得更多安全感。你还需要更多地在情感上关注孩子，而不是专注于他们的表现和成就，以此改善你的育儿方式。我将在第 6 章的育儿实践中进一步探讨这个话题。

未解决型依恋

　　未解决型依恋的父母通常在年幼时经历过重大的丧失，或者遭受过来自父母 / 照料者的创伤，包括严重的忽视，身体、情感或虐待。他们早期的创伤尚未得到解决，情绪和神经系统都处于紊乱之中。因此，他们在养育子女方面也是混乱的。他们会根据自己的情绪状态，而不是孩子的行为或需求来对孩子做出回应。孩子的行为、年龄或发展阶段、情感需求，或者孩子存在的其他问题，都有可能触发他们的创伤反应。甚至，参与孩子生活的其他人也可能会成为触发的导火索。

　　如果你是一位创伤未解决的父母，你对孩子的反应可能会变化无常，孩子可能因此形成无组织型依恋。当遇到让他们害怕的事情时，孩子需要从父母 / 照料者那里获得安慰。但如果作为照料者的你本身就是恐惧的源头，那么孩子就会不知所措，更不知道该去找谁寻求保护。他们可能会从你身边跑开，也可能会反击，还可能干脆一动不动，什么都不做。所有这些反应都是不健康的，表明孩子已经受到了创伤，缺乏安全感。

我有一位来访者叫芭芭拉（Barbara），她的母亲有严重的心理问题。有时她很风趣，也很慈爱，有时却容易生气，拒人于千里之外。芭芭拉和她的姐妹们都无法预料母亲的心情，也不知道她会有什么样的反应。她们总是提心吊胆的，有时会被母亲的反应吓坏。在芭芭拉小时候，她的父亲就抛弃了这个家庭。从小到大，她总是非常紧张，没有安全感，经常会观察周围的环境是否有危险。而当芭芭拉有了自己的孩子时，她早期的创伤仍旧没有解决。她在养育孩子的过程中延续了这种未解决的模式，也会喜怒无常地对待自己的孩子，使孩子们也有了明显的心理问题。人到中年的芭芭拉开始接受治疗，她想要彻底解决自己早年的问题，成为一位情绪更加稳定的母亲。

如果你因为未解决的创伤而酗酒或者滥用药物，你的孩子就会变得很警觉，时刻留意你什么时候会喝得醉醺醺的，或者处于药物后的兴奋状态。他们会知道，自己在这些时候是不安全的。他们可能会对你避而远之，把自己藏起来，或者在你喝醉的时候照顾你。大一点的孩子可能会保护自己的弟弟妹妹，成为照料者，而他们原本应该从父母那里获得关爱。

我曾经帮助过一位名叫凯蒂（Katie）的少女，她被一对年轻夫妇领养，因为她的亲生母亲是个酒鬼。多年以来，凯蒂已经学会了怎么照顾母亲和弟弟。当母亲喝醉时，凯蒂会把她扶到床上，还会喂弟弟吃饭，哄他上床睡觉，也会送他上学。当她看到母亲的怒火和变化无常的行为正在给弟弟带来伤害时，凯蒂主动联系了儿童福利机构，她和弟弟都被接收进了机构。但是，凯蒂常常对自己抛弃了亲生母亲深感内疚和悲伤。她不太相信家长会照顾自己，认为自己必须独立自主。因此，凯蒂花了很多年才开始信任她的养父母。

如果你小时候遭受过忽视和虐待，并且这个问题没有得到解决，那么作为父母，你的首要任务就是去接受治疗，解决自己的问题。想要避免你的经历对养育方式产生影响，并且不把未解决型依恋传递给孩子，这是你需要做的第一步。

这样的治疗可能是长期的，需要你面对过去的经历，而这个过程非常痛苦。同时，你需要确保自己目前生活在一个安全的环境中，有相对规律和稳定的生活。

如果你的伴侣有虐待倾向，那么你需要在进行艰巨的治疗工作之前离开这段关系。只有当你在这段充满挑战的旅程中感到自己是安全的，并且能够获得很好的支持时，你才能袒露自己的创伤经历。

你还需要确保你的孩子生活在一个安全、有序、稳定的环境中。你在努力成为安全型依恋的父母的同时，还必须付出很大的努力来提供这样的环境。你必须找到可以托付的人，当你感到混乱，无法与孩子共情，也无法控制自己的情绪时，可以让他们来照料孩子。如果你继续用变化无常的行为来对待他们，时而在情感或身体上虐待他们，时而又善待他们，你就会把未解决型依恋传递给他们。

乔安妮（Joanne）来接受治疗是因为她和已经进入青春期的儿子们相处困难。这几个男孩在学校总是制造麻烦，也特别让他们的母亲感觉焦头烂额。她抱怨说，他们很不尊重她。在家庭治疗中，他们对母亲很有看法，对她的关心不屑一顾，觉得她在小题大做，并且指责她花钱大手大脚。孩子们的父亲尼尔（Neil）并没有站出来阻止他们。很明显，尼尔也会批评乔安妮，甚至会在生气的时候当着孩子们的面辱骂她。虽然乔安妮把自己的童年描述得如同田园诗那样美好，但我知道她的成长经历一定有消极的部分，所以才会忍受丈夫和孩子的情感和言语虐待。在家庭治疗中，我帮助乔安妮在儿子和丈夫面前坚持自己的立场。最后，乔安妮和尼尔来接受了婚姻治疗。我了解到，乔安妮觉得自己在父母眼里永远都不够优秀，而且她的父亲是个酒鬼，有时还会虐待她。虽然乔安妮在事业上很成功，但她总是觉得自己很失败，觉得自己不应该受到别人的善待。

如果你在小时候经历过丧失，那么你可能会形成无组织型成人依恋。在我接触过的领养儿童中，他们大多数都失去了自己的亲生父母。当他们被安置在孤儿院或进入寄养家庭时，基本上都还是个婴儿或者刚刚学会走路。养父母和我都试图让这些孩子明白，他们的亲生父母之所以抛弃他们，是因为这些父母自身有精神疾病或者健康问题，也可能是因为他们不适合为人父母，也可能是没有经济能力。许多孩子自小就会认为，他们被安置在孤儿院和被领养是因为自己不讨人喜欢。因为他们认为自己并不可爱，可能会再次被抛弃，所以他们并不信任养父母。不过，这也有助于我们理解他们面对养父母为什么会挑衅、拒绝或者无动于衷，因为他们属于无组织型依恋。

如果这种丧失到了成年期仍然没有得到解决，这些孩子自己也为人父母时，就会继续认为没有人爱自己，并且对自己被拒绝或抛弃非常敏感。

来访者卡尔（Carl）是一个非常专制的人，他经常发脾气，对自己的妻子和孩子也很严厉。如果不知道妻子的行踪，他就会不依不饶，而且妻子交往的每一位朋友都会给他带来危机感。他要么对她大发雷霆，要么一连好几天埋头工作。他的行为让孩子们非常害怕。

　　他的妻子艾比（Abbie）告诉我，卡尔是在孤儿院长大的。他拒绝在治疗中讨论这件事，否认这段经历与他目前的问题有任何关系。但慢慢地，卡尔开始信任我，并允许我讨论他的早年经历。他出生后不久，母亲就把他送到了孤儿院。她去孤儿院看望过他，但那时他只当她是一位偶尔带着礼物来看他的女士。再后来，她再也没来过，而他也不知道为什么。

　　卡尔反思到，这种丧失对他在孤儿院的生存方式产生了影响。在孤儿院里，他一直是个顺从乖巧、表现良好的孩子。他受到其他修女和孩子们的喜爱，甚至有一位修女给了他母亲般的关爱。16 岁时，他离开了孤儿院，走入社会，租了个房间安身。房东对卡尔很友善，也很支持他，鼓励他在新闻行业谋职。

　　当我们讨论卡尔悲伤的早年经历时，他哭了。他意识到，母亲把自己送到孤儿院是为了让他拥有更好的生活。通过了解自己童年的创伤，卡尔能够认识到，他和妻子之间之所以会形成这样的关系模式，是因为他害怕她会抛弃自己。妻子向他保证，她永远不会离开他。他们的关系逐渐改善，卡尔开始允许自己变得脆弱，能够表达自己的感情，并且更加信任妻子。他对孩子们的需求变得更加敏感，孩子们也逐渐相信，他有能力调节自己的情绪。

第

5

章

先占型依恋

如果你是一位先占型依恋的父母，那么这一章节的练习和指导建议可以帮助你改变自己的养育方式。要成为安全型依恋的父母，你需要自己做很多努力（或许可以在治疗中进行）。这些指导建议并不能取代这些努力，但会帮助你掌握一些更好的育儿方法。重要的是，你可以通过了解自己的育儿方式，并努力调整其中那些影响孩子形成安全感的部分，来防止孩子形成不安全的依恋。对于先占型依恋的父母来说，最大的挑战就是始终给予孩子关注，放下自己依赖他人的需要。

以下是你可以尝试的练习，需要花点时间去做。如果在一开始没有成功，你也不要气馁。在孩子长大成人之前，你可以一直按照这些指导建议去做。

关注孩子的需求、愿望和感受，尽量不要把他们的行为和挑战归咎于自己。

婴儿会以本能的方式表达他们的需求。他们通常会啼哭，发出各种声音，挥动胳膊和双腿，用眼神交流来告诉照料者他们需要什么。如果照料者关注并清楚婴儿需要什么，并及时做出回应，就能让他们平静下来。一旦婴儿处于平和稳定的状态，照料者就能与他们愉快地互动。只有在照料者不关注婴儿的情况下，他们的哭声才会变得更加激动和响亮。

当你在重要关系中感到愉悦和满足时，或许能够花很多时间关注孩子的需求，并且愉快地陪孩子玩耍，跟他交流。不过当你对自己缺乏信心，或者担心自己无法得到伴侣或父母的爱和关注时，挑战就会出现。

当你听到孩子哭得更加响亮尖锐，或者他用更加急切的声音呼唤你的时候，停下手上正在做的事——更重要的是要停止你脑海里的胡思乱想。你可能会觉得他很难伺候，有些烦人，但你要告诉自己，他还很幼小，这些关注是必需的。当你全身心地陪伴孩子时，他就会平静下来，不再哭闹，他们感受到了你的关注。这种稳定的关注需要你花费一些时间和精力来练习，想要获得孩子的信任，也需要时间。

让我们进一步讨论一下前文提到的明迪的案例。在治疗的过程中，我如果能感同身受地理解她对丈夫的愤怒以及她对谈论这件事的迫切，也许就能更有效地帮助她关注宝宝的需求。我可以向她保证，在治疗过程中我们会有充分的时间来讨论这个问题，当下可以暂停我们的讨论，先去关注宝宝的需求。我可能还会和她一起试着安抚孩子，让她感受到我的支持和陪伴。我想，在我的共情和关注下，她可以专心致志地安抚宝宝。进行了这样的干预之后，我和明迪就会有时间来专门讨论她自己的需求。

如果你正处于烦躁、生气、沮丧之中，在回应孩子之前一定要先让自己冷静下来。如果你的孩子还是个婴儿或者还在蹒跚学步，你可能会没有充足的时间让自己冷静下来，但是你可以尽力而为，告诉自己，宝宝需要你冷静而共情地做出回应，如果能做到这一点，宝宝也会平静下来。如果你的孩子长大了，能够理解你也会有自己的需求、愿望和感受，那么你可以直接告诉他们，你需要一点时间来完成手头的事情，很快就会来陪伴他们。在你去安抚孩子之前，你可以用一分钟来整理自己的情绪，这样就能变得更加冷静。当你对孩子和他们的需求给予认可，并向他们证实了你在关注他们。他们就能够接受你暂时无法陪伴自己。

如果你告诉孩子很快就会去陪伴他们，那么你必须言而有信。你要持续地关注孩子，并且遵守跟他们约定好的时间。只有让孩子觉得你是稳定的、可预测的，他们才能形成安全感。想要重新获得孩子的信任，这是你需要做出的一个重大改变。

9岁的朱莉（Julie）："妈妈，妈妈，妈妈，我需要你。我不知道今天上学该穿什么。你昨晚说要和我一起挑衣服，可是你没有。我现在需要你。我不知道是穿我那件带花的白色上衣，还是那件蓝色的。你在哪里？我现在就需要你。我恨你。当我需要你的时候，你从来都不出现。如果我上学迟到了，那就是你的错。"

孩子与先占型依恋母亲的对话："朱莉，我告诉过你我正忙着照顾你弟弟保罗（Paul）。他还小，需要别人帮他穿衣服，你可以等一会儿吗？昨晚我叫你挑衣服，但你一直忙着打电话。你现在不知道穿什么，那是你的错。我马上就过来了。"

朱莉（尖叫起来）："妈妈，我现在就需要你。我得走了。好吧，我要穿昨天穿过的那件脏毛衣。我看起来邋里邋遢的话全是你的错。我希望福利院来把我带走，因为你根本不会好好照顾我。"

母亲（恼怒地）："我来了。你就像个被宠坏的孩子。给，穿这件吧。反正也没关系。你以为会有人在意你穿什么吗？赶快准备好，我们必须在5分钟内出发。下一次，头天晚上就得先计划好第二天要穿什么。到了早上，我可不会在这种时候再跑过来。"

母女俩怒气冲冲又心烦意乱地出发去学校了。

与安全型依恋母亲的对话：

朱莉："妈妈，妈妈，我不知道今天该穿哪件上衣，白色的还是蓝色的。我昨晚应该决定一下的，但是我忘了。我五分钟后就得去上学了。"

妈妈："我昨晚就想让你这么做，宝贝，但是你一直没挂电话。我们得吸取教训，最好在前一天晚上就想好穿什么。我现在正在帮你弟弟穿衣服，不过我会帮你做决定的。把那两件上衣都拿过来，我们一起想想你到底穿哪件。它们都很适合你。"

朱莉："谢谢妈妈。我马上就过来。"

如果你觉得自己非常愤怒，以至于无法和孩子相处，那就试着休息一下，换其他人来照顾孩子，这个人可以是你的伴侣、父母或者公公婆婆/岳父岳母，又或者是一位信任的朋友。你可以告诉他们，你现在遇到一些困难，需要他们帮助照顾孩子。你的伴侣可能不得不请假，但你也必须坚持，因为让他们这样做是因为考虑到孩子的需要。

如果可能的话，你可以离开孩子一段时间，去散散步、写写日记、做个冥想、逛逛街、和朋友聊天、打个盹或者做任何能让你冷静下来的事情。你可能很想和帮忙照顾孩子的伴侣或其他人谈谈，但你必须把孩子的需要放在第一位。告诉自己，等孩子午休或入睡之后，再去打话。所以，你得让自己做一些其他的事情来转移注意力。

等你已经冷静下来，感觉自己更有能力和孩子们相处的时候，就尽快回到他们身边。你越能及时地重新和孩子建立联结，关注他们，他们就越有可能相信你会始终如一地对待他们，这样他们才能培养自身的情绪控制能力，才能慢慢地离开你，走向独立。

我在前文提及的那位女性来访者伊莱恩，她在给孩子设立规则时总是不能坚持。不过她知道，当自己感到压力很大，对孩子非常愤怒时，就需要给自己的母亲或丈夫打电话。因为她总是给丈夫打电话，所以夫妻俩必须一起商量好，当她极其需要他来照顾孩子的时候，她应该怎么表达自己的想法，而不是每天都依赖着他。如果丈夫确实工作太忙脱不开身，她就会打电话给另一位自己十分依赖的人——她的母亲。母亲会赶来帮她，但这也总是让伊莱恩感到自己非常无能。在理解了与母亲的互动关系之后，伊莱恩会把孩子留给母亲照顾，利用这段时间让自己平静下来，做一些愉快的事情，让自己心情好转。当她回到家时，就可以更好地与孩子们相处。

如果你迫切需要休息，但却没有人可以帮助你，那么你就需要制订一些策略来让自己平静下来。你需要学习呼吸放松法，在紧张的情绪中分散注意力，并进行积极的自我对话。

你可能需要和自己的医生或治疗师谈谈，让他们开一些药物来帮助你减轻焦虑。你可能得接受这一点：在改变自己的先占型依恋类型或者学会有效的行为策略之前，你需要一直服用药物来缓解焦虑，减少内心的执念。但切记，只有医生才能帮助你做出这个决定，并开出合适的药物。

如果孩子的年龄比较大了，你可以在自己平静的时候向孩子解释，自己不太能调整情绪，也不太能稳定地关注他们。你可以向他们保证，你之所以会这样并不是他们的错，不过在你情绪激动的时候，如果他们能够更加独立，管理好自己的需要和感受，这对你平复心情很有帮助。你可以向他们保证，等你冷静下来，你就会更加关爱他们，陪他们找到更多乐趣，全身心投入地跟他们在一起。但一开始，你的孩子也许不太能做到这一点，因为他们可能已经相信，自己只有放大自己的感受和要求，才能获得你的注意。他们可能并不相信你能陪伴他们，觉得自己必须紧紧抓住你。你需要做的就是和他们谈谈内心的疑虑，并向他们保证你会竭尽所能，抽出时间来全身心地陪伴他们。

朱莉和母亲的例子：

朱莉："妈妈，妈妈，妈—妈，妈——妈。"

母亲："朱莉，我知道你现在需要我，但是亲爱的，我现在很难过，很生气，所以我没有办法帮助你。你得自己想想该穿哪件上衣。这两件都很适合你，所以哪件都可以。"

朱莉生气地挑了件上衣，穿上衣服，踩着脚下了楼梯。

母亲："朱莉，有时候我会生气，对你大喊大叫，让你觉得我不想和你在一起，但这不是你的错。因为我脑子里有太多其他的烦恼，所以我无法总是关注你，对此我感到很抱歉。今天我过得很糟糕，但我向你保证，在你上学后，我会让自己平静下来，好好处理我的问题。等你回家的时候，我们再一起做一些愉快的事情。我们可能得带着你弟弟，但我会看看玛丽能不能过来照看他，这样我们俩就可以单独做些什么。"

朱莉点点头，但显然不相信母亲会说到做到。

母亲："我知道你在怀疑我是否能做得到，但我会尽最大的努力，让自己的心情在你回家的时候变得好一点。"

如果你想帮助孩子培养安全感，那么当他们需要你的时候，你要全身心地陪伴在他们身边。因此，你必须接受这样一个事实：全身心地陪伴孩子对先占型成人依恋的你来说是一种挑战。由于你的反复无常，孩子们才会无理取闹，过于依赖你，并且对你发脾气。而你之所以会这样，是你童年的早期经历造成的。

你有机会打破依恋的代际传递。想要帮助孩子形成安全型依恋，你需要承认自己的不安全成人依恋类型，并且努力改变这一点。你也可以努力用不同的方式来养育自己的孩子。当你在不经意间又使用了不恰当的养育方式时，要善待并谅解自己，对自己和孩子说声抱歉，然后再试一次。

我的来访者索尼娅原本希望孩子更加关注她的需求。她离婚后，越来越独立自主，开始感谢儿子曾经的陪伴，也明白自己以前之所以失望，是因为自己需要更大的稳定性。现在的她变得更加自主，表达了对儿子的感谢，儿子和她的关系得到了改善，她也可以更多地和自己的孙子孙女见面了。看吧，父母的改变可能会发生在人生的任何阶段。

如果你过度卷入和孩子的关系，无法容忍他们变得独立，然后离开你，你就需要努力寻找其他的活动以及关系，让自己的生活变得有意义。你之所以会过度卷入，通常是因为过度依赖，没有学会重视自己的价值和其他关系。

索尼娅与母亲的关系也过于密切。她在学校的成绩很好，最后考上了大学，成为一位老师，但她一直对自己的职业没有信心。结婚后，她立刻放弃了自己的事业，深陷于夫妻关系，忙于满足丈夫的需求，只看重他们共同的事业和活动。她从不拓展自己的社交和兴趣爱好，也没有自我。在与孩子的关系中，她依然延续了这种模式，期望孩子满足自己的需求。当他们坚持独立自主，不让她参与他们的活动时，她就会生气。

对自己的成人依恋类型有了理解，并且认识到自己对孩子的过度依赖之后，索尼娅逐渐开始拓展自己的社交和活动。

第

6

章

拒绝型依恋

这个章节专门是为拒绝型依恋的你提供一些育儿策略。你总是想在每件事情上都取得成绩，出类拔萃，但是你必须对此加以控制，按照这些指导建议尽力而为。当你不能完美地完成一项练习时，可以关注自己已经取得的成就，允许自己某些方面有所欠缺。

作为父母，你需要在以下这些方面做出改变。

你必须放弃所有那些为了回避亲密关系而参加的活动。这可能意味着你将不得不放下工作，不去健身房，不参加商业社交活动，而是回家陪伴孩子。如果你的孩子还是个婴儿，这将更具挑战性，因为婴儿的需求更为原始，无法参与太多成人的活动，这可能会让作为家长的你不太满意。如果你是一名职业女性，又想努力晋升，那么你的职业理想和养育责任之间就会产生冲突。但是，在孩子成长的早期，你的角色是无可替代的，只有你才能帮助孩子培养安全感。为了陪伴孩子，你不得不在职业抱负上做出一些牺牲。

我记得在怀孕的时候，我很担心如何平衡自己的职业抱负和养育孩子的责任。我所在机构的执行董事是一位事业有成的职业女性，她也有孩子。令我惊讶的是，她强烈鼓励我在休完产假后回来做兼职。她保证，我的职位不会受到影响，并且等我准备好了，就可以继续全职。我知道并不是所有的女性都能享受这样的待遇，所以我很感激她，这样我就可以更多地陪伴孩子。当我休完产假时，即使是做兼职，离开孩子也让我感到极其痛苦。不过，在她出生的第一年，我能够完全陪伴在她身边，并且我相信她形成了安全型依恋。

有时候，我不得不离开工作岗位去照顾孩子，担心自己没有花足够的时间在工作上。有时候，我必须去保姆那里或者托儿所接孩子，但我仍然在思考工作上的事情，后来回想起这段时间，我意识到自己需要放下有关工作的思绪，全身心地投入亲子时光。

这是拒绝型依恋的母亲在托儿所接孩子时可能会发生的一段对话。

母亲："你好，玛丽（Mary，托儿所的老师）。戴安娜（Diane）今天怎么样？表现还不错吧？"她走向没有跑到自己身边的孩子："嗨！宝贝，你今天过得还好吧？你的背包呢？"

孩子："妈妈，我们看电影了。"

母亲（心不在焉）："那挺好啊，亲爱的。我们得快点回家，我还要做晚饭。"

母亲一心忙着让她的孩子收拾妥当，赶快离开。

孩子一边和妈妈一起离开，一边说："妈妈，我们看了一部电影，《玛丽·波平斯》（*Mary Poppins*），她就像魔法师一样。后来，埃文（Evan）推了我一把，我哭了。"

母亲开着车说："那不错，亲爱的。我得给你爸爸打电话，让他在回家的路上买些东西。"

他们到家后，母亲说："好了，亲爱的，把你的背包放好。你去看电视吧，我来做晚饭。爸爸去接哥哥了，他们马上就回来。希望他们今天可以早点回来。"

这是孩子与安全型依恋家长的对话。

妈妈来到托儿所，孩子跑向妈妈。

孩子："妈妈，妈妈，我们今天看电影了，然后埃文推了我，我哭了。"

妈妈拥抱着孩子说："哇，听起来今天发生了很多事啊。回家的时候，你可以在车上把事情都告诉我。我们和玛丽谈谈你和埃文的事吧？"

孩子："好。我哭了，所以玛丽跟埃文谈话了。"

母子俩一起和老师谈了话，妈妈了解了情况，并且安慰了孩子。

在车上，妈妈对孩子说："埃文伤害了你，我很难过。不过，我很高兴你把这件事告诉了玛丽，这样她就可以帮助你，安慰你。你想再谈谈这件事吗？"

孩子："不，我想跟你说说关于电影的事。电影的名字叫《玛丽·波平斯》，这部片子真是太神奇了。"

妈妈听着孩子的讲述，还问了一些问题，对孩子喜欢的电影表现得很感兴趣。

他们回到家后，妈妈说："把你的背包放好。你有什么东西要带回来给我看的吗？（孩子回答没有。）我得做饭了。我做饭的时候，你可以画画或者涂色。爸爸和哥哥很快就会回来。"

你可能需要学会如何跟孩子共情和同频，而不是只关注他们的行为和表现。也就是说，回到家之后，你可以问问孩子这一天过得怎么样，对朋友、学业和参加的活动感觉如何。你需要关注他们的感受，而不是表现。如果孩子在学校遇到困难，那么你需要询问他们对自己的表现不太理想这件事有什么感受，觉得自己做不好的原因是什么，怎样做会比较有帮助。作为一位具有回避型依恋人格或这种特质的父母，你可能很难触及这种感受，所以体会孩子的感受也将成为一种挑战。你必须学会不要问孩子的分数，他们进了几个球，有多少人邀请他们参加派对，等等。在询问他们跟活动有关的事情时，也不要只看重他们有没有取得成功。

这是回避型依恋的父母与孩子进行讨论时的常见内容：

父亲："嘿，宝贝，对不起，我回家晚了，因为工作上有个大项目要完成。我知道我们本来计划一起打一场篮球比赛，但是这项工作太重要了，我必须先完成。今天在学校过得怎么样？有没有考什么好成绩？对了，你上周的考试考得怎么样？"

孩子："噢，爸爸，妈妈告诉我了，你得工作到很晚才能回来，所以我就自己打了一会儿球。我在学校过得还好，考得也还行，不过我现在正忙着玩电脑呢，我们能晚点再聊吗？"

爸爸："当然可以，儿子。不过你说你考得还行是什么意思？我记得你说过自己学得很用功，一定会考得很好。"

孩子："好吧，我没有考得那么好。我们能晚点再谈这个吗？"

父亲："不行，我现在就想知道。如果你想要出人头地，在学校就必须认真学习。只有取得好成绩，你才能进入最好的大学。所以，你考了多少分？"

孩子："爸爸，我现在不想谈这个。我知道取得好成绩很重要，但我并不担心。而且我还有时间去提升成绩，我才上八年级。"

父亲："如果这就是你的态度，那你显然并不明白好成绩有多重要。你现在就应该学会学习，给所有的老师留下深刻的印象。对了，你做完作业了吗？接下来会有哪些考试？"

这是一位更有安全感、更同频的父母会跟孩子进行的对话，你可以感受一下。长此以往，你的孩子就会慢慢相信你，与你分享他们的烦恼。他们也逐渐会在学校表现得优异，因为他们具有安全感和自信心。

父亲："嘿，儿子，我很抱歉我回家晚了，耽误了咱俩一起打篮球的时间。我真的很想和你一起打球，可是为了工作不得不放弃这个安排，我很遗憾。我尽了最大的努力不让自己工作到深夜，因为你对我很重要，但我又必须完成这个项目。不过，我希望哪怕我不在家，你也能自己打会儿球。"

孩子："谢谢爸爸。没错，我的确很失望，但是妈妈告诉我了，你必须得加班，而且推辞不了。她跟我说了，你觉得很抱歉。我还想说说我的那次考试，我考得不太好。但是爸爸，我想先打完这局游戏。"

父亲："没问题，儿子。我去换身衣服，吃点东西，等会儿你想聊天的时候告诉我。很遗憾你考得不太好，你一定很沮丧吧。我很乐意跟你聊聊这件事，看看我能帮上什么忙。"

在第一组对话中，父亲只关注儿子的表现，并给儿子施加压力，希望他出人头地。他没有意识到，儿子因为自己不能陪他打球而觉得失望，也没有关注儿子对考试成绩不理想这件事的感受。孩子发现，父亲并没有把和自己的关系放在第一位。他认为，自己必须成为最优秀的人才能赢得父亲的爱。他也认为，自己不可以向父亲倾诉自己的失望和对自己成绩的担忧。这个孩子很可能会形成和父亲相似的回避型依恋。

在第二组对话中，父亲可以共情儿子，理解他对自己这么晚回家感到失望，并表达了他不能和儿子一起打球的遗憾心情。他明确地告诉儿子，他重视这段亲子关系，并且很享受跟孩子在一起的时光。他也让儿子明白，自己了解他对考试成绩感到担心，并且可以在儿子愿意的时候一起聊聊这个问题。这样的父亲会优先考虑儿子的需求和感受，而不是他自己的需求和感受。

如果你的孩子患有多动症或者自闭症，或者孩子是领养的，又或者孩子因为家庭或父母的婚姻问题有异常的表现，这对你来说会是更大的挑战，你可能会因为自己无法管教好他们而感到愤怒和沮丧。作为回避型依恋的父母，你可能读过相关领域的书籍和文章，学习过一些课程，参加过父母小组，尝试过许多备受推荐的育儿技巧和干预措施，但都不太奏效。面对失败，你可能会感到很无助，觉得自己一无是处，这些糟糕的感受可能会让你抑郁，并疏远自己的孩子。你也可能会责备孩子，因为他们让你真切地感受到自己很无能。

每一位父母都会有感到脆弱、无助和沮丧的时候，这很正常。如果你孩子的问题比较棘手，或者是特殊儿童，这种情况更是常态。你必须学会接纳自己的这些感受，并向伴侣、朋友或父母来寻求支持。你也可以接受心理治疗，找一个安全的地方来表达这些感受，并学会接受自己并不是万能的。

孩子的某些行为和状况可能是不会改变的，因为他的神经系统已经受到了损害。你必须学会接受这一点，并且理解他已经尽了最大的努力做到最好。

几年前，我的一位来访者吉尔（Jill）从一所国际孤儿院领养了一个 18 个月大的孩子。吉尔曾是一家金融公司的精英，事业有成。她和丈夫无法生育，所以他们领养了一个孩子。她对这个孩子充满期待。这个孩子很难带，不能和吉尔形成健康的依恋关系。她曾经满心希望要做一个好妈妈，和孩子亲密无间，但现在她的愿望完全落空了。吉尔尝试了各种策略让孩子亲近她，但都没有成功。她陷入了严重的抑郁，对孩子很排斥，甚至无法正常工作。为了领养这个孩子，她几乎放弃了自己的事业，对此她感到极为后悔。

吉尔被介绍到我这里，我帮助她接受成为完美母亲这一幻想的破灭。后来我了解到，她希望在所有的活动中表现完美，无论在职业层面还是生活方面。吉尔慢慢开始明白，自己领养后患上了抑郁症，她认为自己不适合做母亲，并且因为孩子让她产生的不胜任感而感到愤怒。不过后来，她的心情逐渐好转，可以正常开展工作，也能接受自己的不完美，也能够应对孩子所带来的挑战。最终她领悟到，孩子原本就带着这些挑战来到自己身边，他难以跟她建立依恋关系并不是她的错。他需要的是时间，还有她的耐心和共情。她需要明白，他之所以害怕跟她亲近，是因为害怕被她拒绝。慢慢地，孩子开始信任母亲了，但仍然存在认知方面的困难。不过，吉尔不再把他的问题归咎于自己，并给予了他所需要的支持。

最终，吉尔成为儿童收养领域的佼佼者，并且帮助了很多对自己领养的孩子感到沮丧和无助的养父母。

你如果是回避型依恋，就会更容易关注规则和后果，并且坚持执行到底。你不太能理解孩子为什么会挑战或违反规则，为什么会违背你的要求。你可能会因为孩子不遵守规则而对他发火，并惩罚他，但永远不会和孩子谈论他们的感受和经历。你可能只会提醒孩子有这些规则和惩罚，并警告他们如果再犯，后果会更加严重。对你来说，最重要的是让孩子服从你，接受你的规则和期望。殊不知，在进行惩罚后与孩子重新建立联结，这才是更重要的。

当我们因为孩子违反规则或违抗我们而发火时，这段关系就出现了裂痕。当我们冲他们发火时，就无法展现自己对孩子的爱。孩子也能感受到这个裂痕，所以尽快修复破裂的关系是当务之急，否则孩子就会产生强烈的羞愧感，既无法认识到自己的行为是错误的，也不能从自己的经历中吸取教训。羞愧感对一个人的自我会带来毁灭性的影响。如果孩子感到羞愧，他们就无法重新审视自己的行为，无法分享自己的感受，无法从经历中吸取教训，也无法恢复与父母的亲密关系。我们希望的是，孩子对自己违反了规则或者惹了麻烦感到歉疚，并且反思自己的行为。他们也需要知道，父母不会因此拒绝他们，而是愿意和他们沟通，把问题妥善地解决。我将在第9章更详细地讨论这个话题。

一个正处于青春期的15岁少年违反了晚11点的宵禁约定，回家晚了。

青春期孩子与拒绝型依恋父母的对话

父母："你到底去哪儿了？你知道现在几点了吗？你应该晚上11点回家，现在是凌晨1点。回你的房间去，我都不想看见你，你让我恶心。真是太让人失望了！这周剩下的时间你都不准出门。我不想听你那些蹩脚的借口，赶紧回你的房间去吧。"

第二天早餐时，父母不看孩子，也不和孩子说话，显然还在生气。

孩子："爸爸妈妈，昨晚的事我很抱歉。"

父母："我不想听你的借口。下次再这样，就禁足一个月。"

青春期孩子与安全型依恋父母的对话

母亲："你去哪儿了？我一直很担心。现在你回来了，我就放心了。你还好吗？怎么这么晚了才回来，是发生什么事了吗？"

孩子："对不起，妈妈。我知道我应该11点到家，但是朋友们都待到很晚，我得等杰克，这样我们才能一起打出租车。他的宵禁时间是凌晨1点，大多数孩子的宵禁时间都比我更晚，这不公平。"

母亲："我知道晚上11点前回家对你来说很难，但我们谈过这件事，我以为你明白我们为什么要设定这样的时间，并且已经接受了。现在已经太晚了，这件事我们可以明天早上再谈。你这一周都被禁足了。我知道你会很生气，但这是我们之前约定好的后果。希望你能睡个好觉，你看起来很累。赶快睡吧，你明早还要起床训练。"

第二天：

母亲："嗨，亲爱的，我很高兴你这么早就下来吃早饭了。我知道你昨晚回家一定很累了。现在，你想再谈谈这件事吗？我不准备改变你的宵禁时间，但我们可以聊聊我如何帮助你告诉朋友们，你必须在11点回家。"

孩子："妈妈，我是唯一一个必须这么早回家的孩子。好吧，不是唯一一个，不过我的大多数朋友都可以更晚回家。杰克的父母都不在意他什么时候回家。求你了，妈妈，我能在凌晨 1 点回家吗？你这么做太不公平了。"

母亲："你要是这样想的话，我感觉有些失望。我知道你很多朋友的宵禁时间和你一样，因为我跟一些家长有来往。我很喜欢杰克，不过我为他感到难过，他的父母似乎并不关心他去哪里或什么时候回家。我永远不会成为那样的父母。我们讨论过你的宵禁时间，尤其是周五晚上，因为周六早上你必须早起训练。如果你需要打车回家，可以随时打电话给我。无论你在哪里，我都会去接你。你被禁足了，亲爱的，这就是你选择在宵禁时间之后回家的后果。我们可以在去训练场的路上再谈杰克的事情，但你现在必须准备出发了。"

你需要探索孩子的需求和愿望，并给予优先的考虑。作为拒绝型依恋的父母，这对你来说可能是个挑战。你可能会更加关注自己的社交需求和兴趣爱好，还有对孩子的个人期望。你可能会找到一些理由来为自己辩护，解释自己为什么会忽视孩子，忙于自己的工作或个人事务，或者为什么强迫孩子去做那些满足你的需求和兴趣的事情。你的孩子可能已习惯了否认自己的需求、愿望和感受，他们会认为，如果自己能取悦你，满足你的需求和愿望，就会得到你的一些关注。

年幼的孩子与拒绝型依恋父母的对话

孩子："妈妈，我们今天能去看电影吗？娜迪亚（Nadia）的妈妈带她去看了《海绵宝宝》。她说这部电影很好看，我也想去看。"

母亲："你今天和我一起去商场吧。如果你乖的话，我可以给你买些好东西。"

孩子："啊？妈妈，我不想去商场。上次我们去那里的时候，一点都不好玩，我不想去了。我为什么必须得去，这不公平。"

母亲："嗯，我得去商场买些东西。保姆今天休息，所以你得和我一起去，否则我就只能把你留在家里了。带上你的手机，这样你可以在我购物的时候玩游戏。我不想让你像上次那样，把我弄得很狼狈。我需要穿着新衣服去参加朋友的聚会。你不希望我优雅又漂亮吗？"

孩子："妈妈，你一直都很漂亮。好吧，我就玩我的游戏吧。那我们能改天去看电影吗？"

母亲："以后再说吧。"

年幼的孩子与安全型依恋父母的对话

母亲："亲爱的，我知道你不想和我一起去逛街，但我得为公司聚会买件衣服。也许，我们可以在商场里找些有趣的事情做。你有什么想做的吗？"

孩子："哦，妈妈，我不想去逛街，我想去看电影。娜迪亚说电影院正在上映《海绵宝宝》，她觉得这部电影很好看。"

母亲："我知道你不喜欢逛街，宝贝，我也希望可以改天再去，可是我今天就得去买裙子，所以你只能跟着我了。而且你可以告诉我你的看法，比如哪条裙子好看，我想听听你的意见。我们可以看看商场里有没有在放这部电影，如果我们有时间的话，就去看电影，但我猜我们可能来不及。不过商场里有你最喜欢的冰淇淋店，你可以买一个冰淇淋吃。"

孩子："好的，我可以买一个巧克力棉花糖甜筒吗？"

第二个案例：

这名青春期的孩子是一位曲棍球球员。拒绝型依恋的父亲放下工作，送孩子去参加曲棍球比赛。儿子在比赛中表现不佳，错过了一些得分机会。在比赛中，父亲对儿子和他的教练大喊大叫。这是他们在比赛结束后的对话。

儿子非常沮丧，也很害怕父亲："对不起，爸爸，我有几次机会都没打中。我保证下次会打得更好。"

父亲："你到底怎么回事？这是有史以来最糟糕的比赛。我真后悔自己居然花钱让你上曲棍球课，还参加这个联盟，你不配参加比赛。孩子，如果你想继续上课的话，你最好提高自己的球技。如果我小时候有你这么好的机会，我早就成为一名职业的曲棍球运动员了。"（接着父亲告诉儿子，他应该如何提高自己的球技。）

青春期儿子与安全型依恋父亲的对话

儿子："对不起，爸爸，我知道我打得很糟糕。我真不敢相信自己没打中那么多球。我觉得教练真的对我很生气。"

父亲："我看到你表现得不太理想，你一定对自己的表现很失望。我觉得你的球技不止如此，因此感到有些意外。你不必向我道歉，不过我们可以谈谈到底是什么原因。还有你可以做哪些改进，才能呈现出满意的表现。如果你和教练谈话时需要我在场的话，我很乐意陪着你。"

当你的孩子难过、生病或受伤时，你可能不太会安慰和支持他们。你可能会认为，应该让孩子坚强一点，所以当他们因为一些事而感到沮丧或脆弱的时候，你不会把他们当作孩子。如果你的孩子生病或受伤了，你可能会提供实用的建议或做出实际的行动，比如你会为他们做饭，让他们在家休息，给他们清洗伤口，贴上创可贴。但你可能不会把孩子抱在怀里或腿上安慰他们，也不会让孩子直接哭出来，说出自己有多难受，或者鼓励他们向你倾诉难过的事情。孩子有安全感的一个重要指标是，无论年龄多大，他都能向父母寻求安慰和支持。

第7章

未解決型依恋

如果你把自己归类为未解决型依恋，养育孩子对你来说将是一件非常具有挑战性的事情。这一依恋类型的人往往经历过重大的丧失、虐待和忽视，并且这些创伤没有得到解决。你需要在治疗中下很大的功夫，才能理解童年的不幸经历对你成长的影响，并努力消除它所带来的伤害和痛苦。

然而，你可以通过理解和努力尝试不同的养育方式，改变自己对孩子的一些错误回应。了解成人依恋类型并努力做出改变，你就可以为孩子创造形成安全型依恋的机会。

以下是针对未解决型依恋父母的指导建议。

试着找出孩子的哪些行为或情绪会让你陷入混乱，或者触发你的创伤反应。你之所以产生这样的反应，是因为你童年时期的问题尚未得到解决。你可能会突然对孩子发脾气，可能表现出抑郁低落，可能出现害怕脆弱的状态。又或者，你会在极短的时间内在这几种情绪状态里切换。你可以通过日记记录下来，孩子表现出哪些行为或情绪，激发了你怎样的行为或情绪。例如，你可以这样写："当孩子对我大喊大叫，说他讨厌我时，这让我感到自己被排斥了，觉得没有人爱我。"你可能会对自己的反应感到惊讶和困惑，但是那些不可预测、非常激烈的反应并不是有意识的，它们来自储存在你大脑无意识层面的记忆。

阅读自己的日记，看看是否可以在孩子的行为和你的反应之间找到固定的联系或规律。

确定了这些规律之后，你就可以开始对自己的反应进行调整。你需要学会静心练习、正念和心理着陆技术[①]。你可能需要离开这个环境，让自己冷静下来，然后再重新回到孩子身边，对他们做出回应。你的神经系统因为受过创伤而发生了紊乱，所以你要学会让它稳定下来，这对养育孩子和你自己的身心健康非常重要。

当你做出冲动或者不恰当的反应时，你需要从孩子的理解水平出发，向他们解释你是在为其他事情烦恼，而这些事情与他们无关。你可以向他们道歉，说自己不应该把气撒在他们身

---

　　① 　一种情绪稳定化技术。——译者注

上。如果他们的行为应该受到批评或惩罚，你必须先让自己冷静下来，根据他们的行为给予适当的惩罚，而不是凭自己的心情来决定。

我的一位来访者莫琳（Maureen），多年来一直受到父亲的性侵，还有情感和言语虐待。任何响亮的声音都会让她情绪混乱。她感到害怕、愤怒和不知所措，既想直接逃离这个情境，又想进行抗争。最后她实在是不知道如何是好，索性就一动不动，什么也不做。

当她的两个孩子（10岁和12岁）为一个电视节目争吵时，他们发出的声音太大，触发了她的创伤。虽然他们只不过是正常的孩子之间的争吵，但莫琳产生了过激反应，她对他们大喊大叫，让他们别吵了，还哭着跑回了自己的房间。她完全被自己的情绪所淹没，经历了一次惊恐发作。孩子们立即停止了争吵，对母亲的反应感到非常害怕，也不敢出声，觉得是自己惹恼了母亲。他们安静地待了会儿，然后去莫琳的房间向她道歉，说自己不该让她生气，并恳求她出来。莫琳最后从房间里走了出来，但并没有跟孩子谈论这件事。孩子们仍然不敢说话，只是害怕而又紧张地看着母亲。

莫琳早期的创伤并没有得到解决，并且她还得照顾自己的孩子。如果她用下面这种方式对孩子们做出回应，可能会更好一些。

　　孩子们为了看哪个电视节目而争吵不休。莫琳意识到自己的内心正在变得混乱，她能感觉到一连串的情绪正在翻涌。在跟孩子说话之前，她做了几次深呼吸，试图调整自己的情绪。

　　莫琳："嘿，孩子们，我听见你们正在争吵，这让我觉得心烦意乱。你们都想选择什么样的电视剧，我来听听，看看能不能帮你们解决。我们都先做深呼吸，冷静下来，然后再来讨论。"两个孩子都无法冷静，他们都开始向莫琳告状，说是对方在找碴。

　　莫琳有些生气了，对孩子们说："好吧，我看到你们很难冷静下来。我也有点生气了，如果想要我帮助你们的话，就得冷静下来。你们可以安静地和我坐在一起，或者回自己的房间。你们想怎么做？"

　　两个孩子都愿意和莫琳坐在一起，并且保持安静。他们坐在莫琳身边，开始控制自己的呼吸。莫琳非常努力地深呼吸，让自己平静下来，为孩子们树立榜样。她知道，如果自己能保持冷静，孩子们就会感受到这一点，他们自己的情绪也会因此得到安抚。在莫琳的帮助下，他们终于达成了一致，决定了看哪部电视剧。

莫琳让孩子们看电视，自己继续努力练习着陆技术。

如果作为一位未解决型依恋的父母，你的创伤确实被孩子触及了，并且你没有很好地处理那个跟他们相处的情境，那么当你平和冷静之后，必须就自己的反应跟孩子进行解释。你的反应可能会吓到孩子，并给你们的关系造成重大的裂痕。对这种裂痕的修复是很重要的，我将在本书后面的章节讨论破裂和修复的概念。孩子会开始和你疏远，觉得自己很糟糕，觉得裂痕是自己造成的，有着很深的羞愧感，不知道该如何修补裂痕。作为父母，你有责任对这段亲子关系进行修复，让孩子再次感受到父母的爱，重新自信起来。你可以经常对导致你们关系破裂的那个情形进行回顾，谈谈每个人的反应，不要责怪谁，也不需要感到羞愧。你可以告诉孩子，你知道自己有时候会让他们感到害怕，你对此很抱歉；你还可以告诉孩子，你正在努力让自己冷静下来，但这需要一些时间。

我提到过一位来访者桑德拉，她小时候曾经被一位寄宿者性侵。当丈夫对她的外表大加赞赏时，她的创伤反应就会被激发。由于童年的经历，她认为自己的身体是不完美的。她不能容忍别人对自己的外表有任何评论，尤其是在她感到脆弱的时候。当她的创伤反应被激发时，她就会大发雷霆，对丈夫大喊大叫，向他扔东西，最后从家里跑出来，有时还打算开车离开。如果丈夫拿走了汽车钥匙，她会变得更加愤怒，完全失控地离家出走。

在这种狂怒之中，她没有注意到孩子们目睹了这场冲突和她令人害怕的行为。大多数时间里，她都是一位情感细腻、情绪稳定的母亲。在这种情况下，她的孩子们会害怕得一动不动。有时，她的大儿子会试图保护弟弟，不让他因为母亲的暴怒受到伤害。在她跑出家门后，她的丈夫会和孩子们解释，并试图向他们保证，他们的母亲平安无事，很快就会回来。他会和孩子们待在一起，但他非常心烦意乱，又担心妻子的安全，所以他也没办法很好地安抚孩子们。

当桑德拉回来时，她会对丈夫很冷淡，但是会想跟孩子们一起做一些有趣的事。看到母亲回来了，她的小儿子会如释重负，跟她一起玩，从不会问发生了什么事。她的大儿子则顾虑父亲的感受，和母亲保持着距离。后来，他又开始与母亲接触，渴望她能给自己带来温暖和亲情，但是仍然小心翼翼，不敢靠得太近，因为担心之前的事情会再次上演。

在治疗中，桑德拉向丈夫解释，他的赞美会激发她的创伤反应，她说过很讨厌自己的身体。她让丈夫认识到，她只是需要对方共情和认可自己的感受，无论这些感受有多么离谱。

桑德拉不得不承认，她的狂怒给孩子们带来了糟糕的影响，对此她很惭愧。

这是她和孩子们之间谈话的一个范例。

"乔伊和萨米（化名），我想谈谈今天晚上发生的事情。当我对你们的爸爸发火，然后从家里跑出来的时候，我知道自己看起来非常可怕，我真的很抱歉。我知道这可能没什么用，但我还是想跟你们解释一下自己的遭遇，让你们知道这不是爸爸的错，更不是你们的错。在小时候，我遇到过一些不幸的事情，所以有时候，我仍然会为此感到非常伤心和愤怒。有时候爸爸会对我说一些赞美的话，但我并不相信这些话，也不想听到它们。其实，让我愤怒的不是你们的爸爸，而是伤害我的那个坏人。我心里感觉非常混乱，所以只能跑开。我知道我不在的时候，你们和爸爸都很担心我。我保证不会伤害自己，等我平静一点了，就会回来。爸爸和我正在讨论我的感受，并且我们也在寻求专业的帮助，让我不会再因为发脾气而让家人害怕担心。

"我想让你们知道，你们可以和我谈谈在我生气的时候，你们感觉怎么样，在担心些什么。不过，这得在我足够冷静，可以好好听你们说话的时候，好吗？我爱你们，所以我尽量不让你们觉得难过。现在，你们有什么想要问我吗？"

未解决型依恋的人想要改变自己的依恋类型，成为获得性安全型依恋，所面临的挑战是最为巨大的，因为他们童年早期的记忆可能深埋在无意识之中。在他们当下的生活中，这些记忆和感受会第一次被激活，因为作为父母的他们看到了自己年幼的孩子是多么脆弱。这样的发现可能会带来痛苦、悲伤和愤怒，因为未解决型依恋的父母会想起自己的童年和所遭受的虐待或丧失。重新回想起这些记忆是非常痛苦的，但这却是成为安全型依恋父母的必经之路。如果你属于未解决型依恋，就必须缓慢地进行这个过程，这样才不会被自己的感觉和记忆所吞没。

你可能会想，在其他家庭成员或家庭以外的人对你进行虐待时，父母为什么没有保护你。你可能想知道，在你遭受一位家长的虐待时，另外一位家长为什么没有保护你。你可能想知道，如果你生活中的权威人士和其他人也知情的话，他们为什么没有保护你。

产生这些问题和想法都很合理，但你的首要目标应该是确保这样的虐待或忽视不会在自己的孩子身上重演。你或许会向自己保证，你永远不会像自己的父母一样虐待或忽视自己的孩子。但是，如果你不解决自己的创伤问题，就不太可能为孩子提供一个安全可靠的环境。在潜意识里，你认为关系是不安全的，必须保持警惕，这样才没有人能伤害自己。你还认为自己没有价值，不应该得到爱和关心。这些信念会阻碍你成为称职的、慈爱的父母。

也许，你的创伤非常严重，以至于你有时会解离，甚至不知道自己身在何处，或者不记得自己做了什么、去过哪里。如果你知道自己有时会解离，那么你必须找到其他值得信赖的人来陪伴孩子。当你知道自己产生了严重的创伤反应，感到混乱和恐惧时，你必须跟一个可以被信任的人联络，让他和孩子待在一起。这些反应虽然不太常见，但会给孩子带来很大的伤害，因为他们可能不知道父母去哪了，也不知道他们什么时候回来，会以什么样的状态回来，也不理解父母这些行为。这样的反应对孩子来说是很可怕的，因为他们没办法做任何事情来帮助父母，也不能自我保护，让自己避免受到这种行为的影响。

我在前面案例中提到的桑德拉，在治疗中逐渐消除了性侵经历所带来的大部分伤害，情绪变得更加稳定，也更能对孩子做出敏锐的回应。

第 **8** 章

成为安全型依恋养育者的
积极作用

这本书想要鼓励作为父母的你，通过心理治疗和积极的自我改变，形成安全型依恋。你可以通过以下方式获得安全型依恋。

- 以绝对的坦诚审视自己的童年经历。
- 了解你的成长环境是如何影响自己的个性的，包括有利因素和不利因素。
- 接纳自身的局限和不足，也许还有父母的局限和不足。
- 在治疗和日常生活中都努力做出改变。

对于安全型依恋的成年人来说，养育孩子会是一件令人愉悦的事，他们遇到的问题也更少，但这并不意味着安全型依恋的父母不会面临任何挑战。即使是安全型依恋的父母，也会对孩子发火，也会感到失望、悲伤、恐惧和焦虑。只不过与具有不安全型依恋类型的父母相比，他们在体验这些情绪时通常能更好地调控情绪；他们可以反思孩子唤起了自己怎样的感受，了解这些感受源于何处，并以更理性的方式做出反应。安全型依恋的父母的大脑是整合的，他们的情绪、想法和行为是协调一致的。

梅因博士用"自主"（Autonomous）一词来定义安全型依恋的成年人。我不确定她为什么选择这个词，可能因为它更强调独立和分离。不过，安全型依恋的儿童和成人既能够独立自主，又能和别人保持亲密的关系。我们应该让孩子们觉得自己可以离开父母，去探索这个世界，获得新的体验，发展新的关系，并从这样的经历中成长。我们还需要让孩子们感觉到，当他们在外面的世界感到害怕、困惑、紧张、痛苦，或者当他们生病、受伤的时候，自己可以回到父母身边。其实，成年人也需要感受到这一点。

安全型依恋的成年人会有一种自主感，这让他们感到安全，并相信自己有克服困难的勇气和能力，能够独立做出决策。他们相信，自己可以在遇到压力，甚至经历创伤性的事件之后重新振作起来；也可以不带评判地接受自己的一些缺点；当自己需要情感支持或者具体建议时，可以向关系亲密的人求助；在生病或受伤的时候，也可以求助于关心自己的人。

安全型依恋的成年人还拥有这些品质：

- 他们重视人际关系，并会腾出时间来维护亲密关系。

- 他们明白，成年人之间的关系是相互的，能否长期相处取决于双方的态度。有时可能需要等待一段时间，自己的需求才能得到满足，但他们不会因此感到愤怒和怨恨。

- 他们能够建立互相信任和依靠的亲密关系。

- 当需要情感或物质上的支持时，他们会向他人求助。

- 他们能够接受伴侣和孩子的独立自主，不会觉得其他的关系给自己造成了威胁。

- 他们能够解决关系中的冲突，不会害怕冲突会摧毁一段关系。

- 他们能够以合理的方式表达自己的需求、愿望和感受。

- 他们能够同情、共情和理解其他人的需求、愿望和感受。

大多数安全型依恋的成年人都有着稳定的、充满爱的成长环境。在孩提时代，他们得到过至少一位家人始终如一的爱和支持。当感到悲伤、害怕、不安，或者在他们受伤、不适的时候，他们可以去找这位家人，在心灵上得到抚慰，情感和物质需求得到满足。也就是说，当孩子生病或者受伤时，家人不仅为他们提供实际的帮助，还会给予情感上的支持，会拥抱和亲吻他们，轻声安慰。

除非后来遭遇了不幸的事情，否则安全型依恋的成年人也能够让自己的孩子在安全的环境中成长，提供可以让孩子形成安全型依恋的所有要素。有时候，创伤性事件确实会发生在安全型依恋的成年人身上，比如战争、被迫移居、性侵或其他突发事件，这些都会破坏成年人的安全型依恋。然而，在事件得以解决，或者情况稳定下来之后，安全型依恋的成年人能够恢复过来。

　　梅因博士在她的研究中发现，一些成长环境比较糟糕的父母却表现为安全型依恋。她和同事们试图找出原因，发现这些成年人在童年时都有父母角色的替代者。这些替代者可以始终关注孩子，关心爱护他们，并且经常陪伴他们，这产生了积极的影响。在父母不太关注和拒绝孩子的情况下，替代性照料者可以起到弥补的作用。这些积极的关系将被内化，形成积极的自我认知和对人际关系的信任感。替代性照料者可能会是孩子的继父母、祖父母、亲戚、老师、邻居或者孩子朋友的父母。

　　我有一位来访者，她的母亲非常自私，甚至还会虐待她，可是这位来访者成年后却有充分的安全感。她是一位理智的母亲，能够对自己的问题负责，也会努力经营与孩子和伴侣的关系。当我和她探讨过去的经历时，她说自己会定期去看望祖母，她感觉在祖母那里，自己是被爱的，是安全的。

还有一些人之所以能形成安全型依恋，是因为他们在心理治疗中或者通过自身的努力改变了自己。他们能够承认，自己小时候的确有过一些负面的经历，然而，他们会为这些成长经历找到全新的意义。对于父母或者其他照料者一些不好的方面，及其对自身成长造成的影响，他们秉持着一种实事求是的态度。他们会理性地看待成长中的挫折，还有这些挫折所蕴含的具有建设性和积极意义的部分。他们会心怀慈悲地看待成长经历中的不利因素，与童年时期的消极经历和解，并转变为获得性安全型依恋。有了这样的和解，他们将能够以更好的方式生活，处理人际关系。通往获得性安全型依恋的旅程充满挑战和挫折，但仍然值得我们去努力。

让我们来看看，安全型依恋的父母可以为自己的孩子提供些什么。在前面的章节中，我已经给出了一个案例，展示了安全型依恋的父母将如何应对育儿的挑战。在这里，我将按照不同的年龄和发展阶段，介绍一下安全型依恋的父母通常会在养育子女方面拥有哪些优势。

婴幼儿阶段

- 从婴儿出生开始，安全型依恋的父母就会努力与孩子保持同频。经过一段时间的磨合之后，他们会知道宝宝的哭声和其他信号是在表达什么意思。
- 即使在宝宝感觉不舒服，大声哭闹的时候，安全型依恋的父母也会冷静又理智地回应宝宝。
- 安全型依恋的父母会努力弄清楚宝宝不安的原因，保持冷静，安抚宝宝。
- 安全型依恋的父母会知道自己什么时候已经不堪重负，并会找别人来帮忙照顾孩子。
- 安全型依恋的父母会在育儿的过程中收获很多乐趣，当宝宝感到轻松愉快时，他们会和宝宝互动。
- 当宝宝的活动能力越来越强时，安全型依恋的父母会鼓励宝宝进行探索，并且会更加小心地进行看护，确保宝宝的安全。
- 安全型依恋的父母会允许其他人与宝宝建立关系，同时始终相信自己才是主要的照料者，对安抚宝宝起着最重要的作用。

- 安全型依恋的父母会明白，学步期的孩子需要更多的独立空间，他们想要探索这个世界，对其他孩子和成人充满了好奇。
- 安全型依恋的父母会鼓励孩子的这种独立，并在孩子需要回来寻求抚慰和安全感的时候，确保自己就在那里。

我们可以在游乐场上观察到孩子的自主行为。学步期的孩子会离开父母去探索环境，和其他孩子互动。有些孩子会小心翼翼，不时地回头看他们的父母，确定他们还在那里；有些孩子会比较自信，但仍然会确认父母是否在一旁看着自己；还有些孩子会更加兴奋活跃，把自己的父母抛诸脑后。

父母的回应对孩子安全感的建立起着关键作用。对于比较害羞、沉默寡言的孩子来说，可能需要父母更多地鼓励他们去玩耍，并且向他们保证自己就在一旁。自信的孩子不需要父母的鼓励就可以进行探索，不过他们仍然需要确保父母在陪着自己。而那些兴奋活跃的孩子则需要父母更加留意，好好监护和引导他们，确保他们的安全。

面对受伤或者和其他孩子起了冲突等突发状况，有安全感的孩子会直接寻求父母的帮助，不过他们需要父母关注的程度可能会有些差异。一些有安全感的孩子只会看看父母，知道他们在注视自己就够了。他们可能会自己站起来，回去继续玩，这是因为他们知道自己可以找到父母。有些孩子可能会在受伤时大哭，需要父母过来安慰他们，但能够很快恢复平静，继续玩耍。不过，还有一些孩子可能需要父母更多地支持他们，想让父母把他们扶起来，抱着安慰一会。他们可以在短时间内安定下来，回去独立玩耍。

安全型依恋的父母会提供一个有序的环境，能够很好地把握遵守常规与灵活变通、表达共情与设立规则之间的尺度。他们不会成为专制的父母，相信自己能够在给孩子设立规则的同时又保持灵活变通，满足孩子的需求。他们有自我调节的能力，也很自信，所以他们允许自己享受生活的乐趣，偶尔也会打破常规。

有安全感的幼儿已经开始慢慢学会平衡独立自主和亲近他人之间的关系。他们相信，父母可以为自己提供情感和物质上的帮助，并因此开始信任周围其他的成年人。

学龄期

当孩子们进入学校时，他们已经内化了来自父母的安全或不安全型依恋。即使是安全型依恋的孩子，他们也会面临各个方面的挑战，比如发展同伴关系、与不同的老师打交道、学习新科目和新知识等。针对学龄期儿童的养育而言，父母拥有安全型成人依恋变得更为重要，因为在这个阶段，对于会影响到孩子的事件和关系，父母更加难以掌控和预料。

大多数有安全感的孩子会受到同龄人的欢迎，并发展健康的友谊。他们会被其他有安全感的孩子所吸引，不喜欢和有问题的孩子建立友谊。老师和学校工作人员都会喜欢他们，并请他们在班级里帮助其他同学。他们的学习成绩一般都不错，如果在学习上遇到困难，他们会坦然面对，不会感到自责，也能接受必要的帮助。他们会参加自己感兴趣的课外活动，并且竭尽全力。

即使是有安全感的孩子，他们也会遇到一些挑战，自主型依恋的父母必须对此加以引导。

一般来说，自主型依恋的父母不会把孩子面临的挑战或困难归咎于孩子。他们明白，生活会让孩子亲身经历他们需要面对的一切，这样才能从中学习和成长。他们相信，自己有能力帮助孩子完成必要的任务，而其他成年人也能够善待自己的孩子；他们也相信，自己拥有足够的力量和能力，可以在必要的时候为孩子辩护，保护孩子。

下面我们来看看孩子进入学龄期后会面临哪些挑战，以及安全型依恋的父母如何进行应对。

在刚刚入学时，孩子可能会感到有些害怕，特别是内向的孩子和之前没有去过托儿所的孩子。安全型依恋的父母会很体贴耐心，可以随时为孩子提供支持。他们可能提前与老师沟通过，这样老师就会对孩子表现出接纳和支持。这些父母对别人也有信任感，所以会鼓励孩子走进班级，与老师互动。这种对他人的信任会传递给孩子，因此他们就能够在必要时向老师寻求帮助。

同伴互动会给所有的孩子带来挑战，包括有安全感的孩子。安全型依恋的父母会利用这样的挑战，帮助孩子学会更多的技巧，让他们更好地与同伴进行互动。安全型依恋的父母会冷静而具体地跟孩子探讨，在他与另一个孩子的交往过程中发生的事情。他们会对孩子受伤的感觉表达共情，但也会帮助孩子反省自己是否有哪些不当行为或反应。安全型依恋的父母会鼓励孩子直接与其他同伴沟通，不过他们也明白在孩子需要时，出面与同伴的家长或老师进行沟通。

如果安全型依恋的父母决定要出面干预，他们会比较冷静和果断，基本不会显得咄咄逼人。他们有强烈的自尊感，自然而然地也获得别人的尊重。而其他成年人，比如家长、老师和校长也会本能地意识到这一点，他们能够更加顺畅地与父母进行协商，共同解决问题。

父母内心的安全感会慢慢让孩子建立自己的自尊感——他们始终知道，父母会在他们需要的时候出来保护自己。

学龄期儿童还可能会面临学业上的挑战。在这个阶段，他们可能会面临学习障碍、注意力缺陷、认知迟缓、自闭症谱系障碍和其他学习方面的挑战。通常来讲，父母很难承认和接受这些困难，也不太能为孩子找到合适的补救方法。和不安全型依恋的父母一样，安全型依恋的父母也会感到无比的痛苦。不过，他们能够更容易接受与孩子有关的、令人悲伤和痛苦的现实，重新振作起来，专注于孩子的需求和所需的资源。

无论是否属于安全型依恋，父母可能都需要维护自己的孩子。不过，安全型依恋的父母会冷静而有力地维护，不会让提供资源的系统工作人员对自己敬而远之。如上所述，安全型依恋的父母传达出一种健康的权利感，这种权利感会对事情起到推动作用，并让他们获得相应的帮助。如果缺少相关的资源，有安全感的父母会想办法创造资源，并让其他父母参与到这项任务中来。在这个过程中，他们能够进行自我调整，充满耐心，并且坚持不懈。

安全型依恋的父母会保护自己的孩子，不让其他孩子和成年人戏弄孩子，或者用其他方式伤害孩子。他们会像对待其他事情一样，以理解、耐心、自信和果断的态度来处理，并利用这类事件，让别人了解自己孩子的特殊需要。

最重要的是，安全型依恋的父母不会把孩子的挑战或特殊需要归咎于孩子，也不会因为自己的孩子更加棘手而责怪自己，或者总是闷闷不乐。他们能够关注孩子的优势和特殊性，带动孩子也重视这些。

安全型依恋的父母会接受这个事实，即养育一个有特殊需要的孩子可能会让人筋疲力尽、痛苦不堪。他们也知道应该在什么时候向他人寻求支持。

我的女儿在一年级时似乎属于安全型依恋，我相信她在学校里有玩得好的朋友。我认识她的大多数朋友，也对他们的父母有所了解。我在她的学校很活跃，所以认识她的老师和校长。有一天，她的老师让我放学后留下来，告诉我她有些担心我女儿和另一个孩子艾比（Abbie）的关系。我知道艾比有一些问题，因为她的母亲坦诚地告诉我自己离婚了，这对她和孩子都有些影响。

老师说，有一次艾比用钉书器弄伤了我的女儿。我女儿没有声张，似乎接受了艾比这样攻击自己。老师建议我，要鼓励女儿多和其他孩子交往。这件事让我很震惊。作为一名社会工作者，我明白艾比感觉到，我女儿和其他孩子的友情对她造成了威胁，因此对我女儿很生气。我并不想让女儿和艾比断绝来往，因为我喜欢艾比和她妈妈。但是，女儿的需求和保护好她才是最重要的。

我跟女儿谈了这件事。她告诉我自己只有在艾比生气的时候很害怕。她不敢反抗艾比，也没有去向老师寻求帮助。她本打算把这件事告诉我，但似乎也无法阻止艾比。我们讨论了向老师求助的重要性，我还向她保证，我会和艾比的妈妈谈一下，也许还会跟艾比聊聊。

我问女儿，她喜欢班上哪个同学，愿意跟她一起玩。她马上说有一个叫史黛丝（Stacey）的女孩。我鼓励女儿和史黛丝一起玩，两个人成了多年的好朋友。艾比仍然是我女儿的朋友，但她知道老师、她母亲和我都不会允许她伤害我的女儿。

我并没有将这件事归咎到女儿身上，尽管我真的意识到，她的内心存在一些不安全感。我和她一起处理这件事，鼓励她在受到伤害的时候去求助周围的成年人，并帮助她拓展自己的同伴关系。我并没有因为老师的话而心怀戒备，仍然对艾比的母亲抱有同情的态度，还冷静地与她讨论了这个问题。我之所以能这样做，是因为我已经形成了获得性安全型依恋。

青春期

　　青春期是养育子女最具挑战性的阶段，要顺利度过这个发展阶段，父母的安全型依恋是最有效的"保护伞"。青少年之所以处于混乱无序的状态，是因为荷尔蒙和其他化学物质的分泌导致了他们大脑的迅速变化。有些时候，青春期的孩子会显得冷静而理性。你可以和他们讲道理，他们似乎会认真聆听，不会怀有戒备，也不会攻击你。而另外一些时候，青春期孩子的情绪像一场飓风，你无法跟他们理性沟通，他们拒绝配合，跺着脚走出房间，或者成为一堵你无法穿透的沉默之墙。你并不知道，每一天你见到的孩子会属于哪个版本。

　　在这个混乱的时期，青少年需要的是一位情绪稳定的父母，这样的父母不会因为孩子的情绪而失控。自主型依恋的父母更加能做到这一点，但这并不意味着安全型依恋的父母不会因为自己的青春期孩子感到沮丧失望。他们不太会因为孩子的情绪化而指责他们，也不会因为孩子变化多端的情绪和挑衅的行为而失控，而是理解他们正在与自己的愤怒做斗争。

　　安全型依恋的父母也认识到，孩子进入青春期之后，自己在孩子心目中的地位不再那么重要了。孩子不再向自己寻求支持或建议，或者自己不再是那个唯一可以提供支持或建议的人。同伴成了孩子的依恋对象和知己，对于青春期的女孩来说尤其如此。不安全型依恋的父母可能更容易因为其他的替代性关系，或者自己无法控制青春期的孩子而觉得自己受到了威胁。安全型依恋的父母明白，这对于青春期的孩子来说是正常的。他们相信，如果孩子遇到了严重的困扰，需要成年人的安慰或建议，还是会来找自己的。他们也会主动与青春期的孩子沟通，尽管可能会遭到孩子的拒绝，但他们不会把这种拒绝归咎于自己，所以会继续努力跟孩子沟通。

如果父母不失控，能够抱着理解和坚定的态度设定和执行规则，继续对青春期的孩子表达自己的关心和爱，那么青少年就会顺利度过这个充满挑战的阶段，他们的安全型依恋也会得以巩固。尽管孩子不关注父母，会拒绝他们，坚持青春期特有的独立，但安全型依恋的父母还是会这样做。

无论儿童属于安全型依恋还是不安全型依恋，每一个发展阶段都会给父母带来挑战和担忧，而那些有特殊挑战的孩子尤为如此。自主型依恋的父母之所以能够应对这些担心、恐惧和不确定性，是因为他们相信自己有能力成为合格的父母，也可以轻松地向他人寻求帮助、安慰和建议。他们相信自己，也相信他人。

第 **9** 章

破裂与修复

已经有几位育儿和依恋领域的心理咨询师讨论过破裂与修复的议题。在之前那本《读懂依恋：拥抱更好的亲密关系》中，我也讨论过这个问题，在亲密关系中，依恋会对冲突的处理产生怎样的影响。在这一章中，我将继续对此进行探讨，因为在亲子关系中，冲突是很常见的。父母处理和解决冲突的方式会影响孩子能否在冲突中感受安全，并相信冲突是可以被解决的，不会因此感到恐惧和羞愧。

我们都有对孩子发脾气的时候。当这种情况发生时，你的怒火会给你和孩子的关系造成裂痕。当你恼怒地训斥孩子时，你就很难感觉到自己是爱孩子的；当你感到沮丧时，你也无法感受到那种深刻的、无条件的爱。这很正常，因为你的大脑完全被烦恼和愤怒占据，你想对孩子的错误行为进行惩罚。你的孩子会感受到这些负面的情绪，也知道你因为愤怒而想要疏远他，因此他可能会感觉很糟糕，就做出各种回应：心怀戒备、对你发脾气、大哭、逃跑或者道歉请求你的原谅。

然而，无论你最初的反应是怎样的，你都必须修复关系中的裂痕，重新爱自己的孩子。你的成人依恋类型会影响你是否能够修复、如何修复，以及修复的速度有多快。也就是说，当你和孩子发生冲突时，你的成人依恋类型会决定孩子是否会相信：

- 这个冲突是可以解决的。
- 他们可以犯错，这是可以被谅解的。
- 他们是坏孩子。

这些关于自己以及冲突的信念，将会持久地停留在他们无意识的心理层面。

我想从自己的治疗实践中找一个相关的案例，跟大家对比说明一下安全型依恋的父母和不安全型依恋的父母分别会如何反应。

玛莎（Martha）和哈罗德（Harold）有两个孩子，分别叫欧文（Owen）和马修（Matthew），他们一个8岁，一个10岁。玛莎在家做着一份兼职工作，哈罗德做着一份压力很大的工作，但他是一位尽职尽责的家长。欧文被诊断患有多动症，不太容易集中注意力，他经常在学校完不成作业，回家也不爱做。马修则在学业上表现得更好一些，作业完成情况好一些。哈罗德经常下班回家后照顾孩子，陪他们写作业。

一天早上，玛莎因为要送孩子们去上学，忙得不可开交。她想让哈罗德安排晚上和孩子们的日常活动。但是孩子们还没放学，哈罗德就打电话告诉玛莎，他要加班到很晚。

在给孩子们吃完点心，让他们放松一会儿之后，玛莎问起了他们的家庭作业。马修说他没有家庭作业，玛莎建议他可以复习一下数学。她知道欧文有在学校还没有完成的作业。玛莎和哈罗德都认为，好好学习很重要。欧文立即提出抗议，拒绝做作业，他抱怨说自己有作业，可是马修却没有，这不公平。他开始大哭起来，把作业本扔在了地上。

自主型依恋父母

让我们假设玛莎是一位自主型依恋的妈妈，她理解欧文很难集中注意力，经常觉得自己在学业上不如他的哥哥，她也知道完成作业可以帮助欧文在学习上取得进步。

欧文一边哭一边喊："我讨厌家庭作业，我讨厌你让我做作业。这太不公平了；我必须做作业，可是马修不用。他从来都没有作业，而我总是有作业，我才不会做。"欧文把那些作业本扔在地上。

玛莎非常沮丧和生气，因为老师没能帮助他在学校完成作业。

玛莎："欧文，你必须写作业，因为你在学校没做完，老师说明天之前必须做完。现在，（用生气的语气说）拿着你的作业，坐在桌子旁，我会陪你一起写。你如果不做作业，明天就不能和马克一起玩了。"

欧文："不，不，不。我不管老师说了什么。这不公平，我是不会写作业的。"

玛莎意识到自己越来越生气，需要冷静下来。她告诉欧文，她要给自己泡杯茶，然后再过来陪他写作业。在给自己泡茶的时候，她做了几次深呼吸，提醒自己写作业这件事对欧文来说非常困难，然后再回来跟他说话。

玛莎坐在欧文旁边，搂着他："欧文，我知道这对你来说很困难，不过我希望你在学校可以更加专心一些，这样你就可以在学校完成作业，不用带回家做了。爸爸和我都明白这件事，也会一直帮助你。我知道你觉得这不公平，因为马修有时没有作业，不过当他有作业的时候，也和你一样，必须写作业。你知道，我们对他的要求和你是一样的。现在，我们把作业拿出来，看看要完成哪些任务吧。我会在你旁边陪你，但我希望你能试着自己做。如果你需要我帮忙的话，我就在这里。"

欧文："妈妈，这不公平。我确实努力在学校做作业了，但是布莱恩和我说话，然后我就没法继续写作业了。"

玛莎："是啊，当周围有事情让你分心时，一定很难集中注意力。我知道布莱恩也没法集中注意力，有时候他会耽误你。我希望明天的情况会好一些，但是现在让我们专心完成今天的任务。"

欧文叹了口气，擦了擦眼泪："好吧，但是，妈妈，你必须待在我身边。"

玛莎："我就在这儿。"

欧文完成了自己的作业，玛莎基本上没怎么帮助他，但他们觉得彼此之间的联系更加紧密了。欧文因为自己完成了作业也感到很开心。

这个例子展示了一位安全型依恋的父母在破裂和修复的过程中所具备的能力。他们可以在管教孩子的同时控制好自己的情绪，对孩子表达共情，并且坚定地说出自己的要求，设立规则。玛莎知道，自己在忙了一天之后有些疲惫，可能会无法耐心地帮助欧文。她需要一些时间处理自己因为孩子拒绝做作业而产生的沮丧，让自己从这种情绪中解脱出来。冷静下来之后，她就能够对欧文面临的困难表达理解，同时坚持让他做作业，并且随时帮助他。

先占型依恋父母

如果你发现自己属于先占型依恋，那么保持冷静和理性对你来说会是一个挑战。也就是说，当你因为孩子违反规则、不服从管教而生气时，你所感受到和表达出来的愤怒会是非常强烈的。你的愤怒可能会让孩子感到害怕，让他们觉得自己与你的亲密关系全部都被切断了。控制自己的情绪对你来说并不容易，但是你控制愤怒所需要的时间越长，你的孩子就越会因为你的这种疏远和惩罚式的反应而感到羞愧。

让我们采用同样的情境，把玛莎描绘成一位先占型成人依恋的父母，看看她可能会有怎样的反应。

玛莎还在为早上欧文上学的时候磨磨蹭蹭而生气，再加上丈夫加班，她必须在孩子放学后负责照顾他们，变得更加不满。

欧文不愿意写作业，玛莎很愤怒，情绪失控地说："欧文，我不想听你的借口。你本来在学校就应该完成作业，既然你没有完成，就是你的问题。趁我还没气得发疯，赶快拿出你的作业来。"

欧文很生气，大声哭喊着："我不在乎自己在学校能不能及格。我讨厌学校，也讨厌你！"

欧文用力地踩着他的作业。

玛莎抓住欧文的胳膊，把他拽到他自己的房间，对他大喊大叫："我受够你了。我才不管你做不做作业，我告诉老师你不愿意写，让她明天放学后把你留下来写作业。明天你不能和马克一起玩了，这一个星期，你都不能出去玩。"

玛莎砰地关上卧室的门，留下欧文在那里哭泣。

玛莎打电话给她丈夫，开始对他大喊大叫，让他赶快回家。

在这个例子中，玛莎对欧文非常愤怒，并且缺乏共情，欧文感到母亲很冷漠，就会觉得自己在学校表现很糟糕，也许还会觉得自己很笨。他说自己不喜欢学校，也不喜欢他的母亲，以此来对抗自己的消极感受，虽然这些感受其实并不符合事实。由于玛莎把欧文留在他的卧室里，他们之间的冲突并没有解决。

在第 5 章的案例里，母亲因为孩子没有选好穿什么衣服去上学而生气。这也会让孩子觉得自己很糟糕，或者在一段时间内都感到内疚。欧文和第 5 章里的孩子是否会停留在内疚之中，将取决于他们的母亲能否控制自己的情绪，对这件事进行思考，用充满关爱和体贴的方式和孩子一起重新处理这件事。如果母亲能做到这一点，那么孩子就能够审视自己的行为，从错误中吸取教训。没有准备好第二天穿什么衣服的孩子，下次可能会记得在前一天晚上准备好。欧文可能会在学校更加努力地做到专注，或者会更加主动在家里写作业。两个孩子都会感受到妈妈的爱，知道自己的行为并不会伤害与妈妈的关系。

如果他们的母亲不能审视自己的反应，化解自己的愤怒，重新与孩子建立联结，那么这两个孩子就都会内疚。孩子们无法正视自己的行为，从中吸取教训，更无法在下次做得更好。有羞愧感的孩子会保持愤怒和防御的状态，并且尽一切努力，回避羞耻和糟糕的感受。

先占型依恋的父母必须做出改变，才能修复你和孩子的关系。以下是一些指导建议：

- 在你因为孩子不听话而开始对孩子生气时，立刻深呼吸，与冲突保持距离。由于你的怒火很快就会被点燃，所以你需要知道，在自己的情绪升级之前，只有几秒钟的时间来控制自己。如果你真的情绪失控，对孩子大喊大叫，严厉地惩罚了他们，那么当你冷静下来时，你会有很多修复工作要做。你要为自己过度的愤怒向孩子道歉，并花很多时间来安慰被吓坏的、受到指责的孩子。想要让孩子从自己的不当行为中吸取教训，你需要和孩子谈谈为什么设立这样的规则，它们有什么重要意义，还得告诉孩子，他需要对自己的行为负责。只有当你能保持冷静、慈爱和体贴的时候，孩子才会听进去。

· 重要的是，不要因为孩子的不当行为责备自己。作为一位先占型依恋的父母，这对你来说可能很困难。当你能说服自己，孩子这样做并不是想要伤害或者离开你时，你就能对孩子的行为保持探寻的态度，并帮助他们审视自己，不让孩子有羞愧感。

拒绝型依恋父母

让我们假设玛莎和哈罗德是拒绝型依恋的父母，他们重视教育，在学校表现优异。对于欧文拒绝做作业这件事，玛莎可能会做出以下的反应。

玛莎严厉而冷酷地说："欧文，我不想再听你抱怨了，你哭哭唧唧的样子太可笑了，别哭了。在你的作业写完之前，你必须得坐在这里。你不可以吃晚饭、看电视或者玩游戏，除非把作业写完，明白吗？不管在学校还是在家里，完成作业都是你的责任。不要给自己找借口。"

玛莎不想再听欧文说什么，把他一个人留在了餐厅的桌子旁边。

当哈罗德下班回家时，他也责备了欧文，并坐在旁边逼着他做作业。欧文哭了，但还是完成了作业。吃了点剩余的晚饭之后他就上床睡觉了，他感觉自己已经被父母抛弃了。

因为拒绝型依恋的父母过分看重孩子的服从、表现和成就，所以他们很容易对孩子发火，无形中让孩子的内心有一种深深的羞愧感。如果你认为自己是这种类型的父母，你就必须在孩子挑战你的权威或者在一些活动中表现欠佳时，努力让自己不要疏远他们。如果你的反应是愤怒、批评和贬低，你就在无形中给孩子带来了羞愧感。这并不是说，父母不应该期望孩子有良好的表现。其实，每个父母都有对孩子感到失望的时候，并且还会表露出来。如果对方对此进行谨慎细致的讨论和探索，孩子就不会因为父母的失望或他们自己的失望而受到伤害。真正让孩子感觉受伤的是愤怒和批判的父母带给他们的失败感和拒绝。

在第 6 章所举的例子中，那位父亲只关注儿子的分数，而不关注他在考得不好时有什么样的感受。这位父亲和玛莎、哈罗德一样，他们都因为批评和拒绝孩子，造成了亲子关系出现裂痕。更为糟糕的是，他们都没有迅速地解决这个问题。第 6 章里那个男孩知道父亲会继续批评自己，也明白自己得避开父亲。他已经产生了羞愧感和失败感，认为自己不应该向父亲寻求支持和安慰。

如果你知道自己是一位拒绝型依恋的父母，那么你就必须努力控制自己的愤怒和对完美的执着。你需要向孩子证明，你能够对他的痛苦和失望感同身受，需要鼓励孩子与你分享自己的感受，并跟他讨论你可以怎样帮助他。

以下这些指导建议，可以帮助你在与孩子争吵后进行修复：

· 承认你的成人依恋类型，了解它的优点和缺点。要知道，你不允许自己感到脆弱，也不能接受自我怀疑和不完美，所以同样的，你也会不允许自己的孩子这样。如果你发现自己对孩子的行为感到愤怒，想要批评和指责他，那就离开当下的情境，并告诉孩子，当你冷静下来的时候，你会和他讨论这件事。你可以做任何事情，只要你认为这件事可以帮助自己平静下来，发泄自己的愤怒，并且还不会伤害到自己或者家人。你可以跟自己交谈：你是一个非常理性的人（或许过于理性了），不过在这个时候，你应该运用自己的理性，告诉自己，孩子来到这个世界，并不是为了满足父母的期望和需求。

· 不要把孩子所面临的挑战或糟糕的表现归咎于孩子。如果你想让孩子表现优异，就需要成为一位能够给予支持和共情的父母。你需要探索孩子的感受，了解他为什么在某件事情上会遇到困难；做一个更好的倾听者，而不是问题解决者。你需要意识到，如果以权威的方式做出回应，并且只用规矩来约束孩子的话，只会让孩子对你敬而远之，并且产生羞愧感。

未解决型依恋父母

让我们假设玛莎是一位具有未解决型成人依恋的父母。她很难控制自己的愤怒，可能会粗暴地对待孩子。

玛莎对欧文大喊："欧文，我受够你了，我都不想再看你一眼。你就是个彻头彻尾的坏孩子，赶紧做你的作业吧，别再抱怨了。"

欧文看起来很害怕，但仍然没有去写作业。他想要告诉妈妈作业太难了。

玛莎扇了欧文一巴掌，然后抓住他，把他拽到了他的房间里。马修看着这一幕，似乎也很害怕，但仍然试图安抚他的母亲。

玛莎对马修大喊："你别管这事。我不想一起惩罚你。"

玛莎生气地把作业扔进了垃圾桶，对欧文大喊："你被禁足一个月，等你爸爸回家了还会有更多的惩罚。"

玛莎走进自己的卧室，扑倒在床上，忍不住哭了起来。欧文和马修保持着沉默，感到害怕和无助。他们自己默默上床睡觉了。

　　如果你认为自己属于这个依恋类型，你很可能会对孩子的行为产生无法预料的愤怒反应，这种反应会让孩子感到羞愧。你甚至可能都不明白，自己的反应为什么会如此强烈。这种依恋类型的父母有着创伤性的成长经历和未解决的议题，而孩子的行为或态度有可能会触发他们的创伤反应。孩子对这种依恋类型的父母非常警觉，因为他们知道父母的反应可能是无法捉摸、令人恐惧的。这样的孩子可能经历过许多突发事件，这些事件并没有得到解决，关系也没有被修复，并且他们有很深的羞愧感，认为自己很糟糕。

　　未解决型依恋的父母自身带有强烈的羞愧感。因此，你难以审视自己对孩子的回应，并承认自己未解决的议题。对你来说，避免与孩子发生冲突已经是最简单的做法，但这种回避会让你的孩子处于恐惧和羞愧之中。所以，尽管这可能会让你感到痛苦和羞愧，但你必须对孩子敞开心扉，谈谈自己的反应，告诉他们你为之前的发火感到后悔，并且向他们保证，他们并不是坏孩子。

　　在第 6 章中，我举了一位未解决型依恋的父母桑德拉的例子。她小时候曾遭受过性侵，在治疗过程中，她努力去理解性侵对儿时的自己所造成的伤害，并消除它给现在的自己带来的影响。

有了这种认识之后，她学会了控制自己的愤怒，并解决了与孩子和丈夫的冲突。她向孩子们保证，自己之所以产生强烈的情绪反应并不是因为他们，也不是针对他们。她向孩子们道歉，并帮助他们理解自己所存在的问题。她承认自己反应过激，这样可以让孩子们不把母亲极端情绪化和不可预测的反应归咎于自己，也减轻了他们对她的恐惧。

我想再次强调的是，和治疗师一起探索你过去的创伤，消除创伤所造成的伤害，这是极其重要的。我会提供一些指导建议，告诉你如何修复与孩子之间的裂痕，不过你内心的羞愧感会在一定程度上妨碍你这样做：

- 了解自己情绪的触发因素。写下孩子们表现出的所有会激发你强烈负面情绪的行为。
- 了解之后，当你刚刚开始看到这些行为时就要保持警觉。
- 用自己理性的大脑在很短的时间内识别这些触发因素，并且掌控它们。这可以是你努力的目标，但要做到这一点需要一些时间。
- 当你知道自己的情绪正在慢慢失控，会在狂怒之中伤害或羞辱孩子时，立刻离开这个环境，可以到另一个房间去。

- 学习一些让自己冷静下来的技巧，比如深呼吸、放松技术、冥想或专注于愉快的体验。
- 最重要的是，当你努力控制自己，不让自己疏远孩子时，就修复了与孩子之间的裂痕。
- 你必须让孩子（尤其是大一点的孩子）明白，问题出在你自己身上，而不是他们身上。你可以向他们道歉，并向他们解释，他们的行为可能是不恰当的，但是并不可耻。他们所做的事并不能成为你拒绝、疏远和谴责他们的理由。
- 花大量的时间安慰和拥抱你的孩子。
- 努力让你的育儿方式可预测并且始终如一。

父母应该以一种冷静的态度教育孩子，并对他们的行为进行惩罚。这会让他们学会一个终身受用的道理：一个人应当为自己的行为承担后果。然而，进行惩罚的同时，父母不应该破坏亲密关系，或者让孩子产生羞耻感。在你因为孩子的某些行为对他加以训诫之后，你可以表现出你的关爱，这会教给他们另一个终身受用的道理，就是在亲密关系中，我们可能会产生冲突，对别人感到愤怒，但是这种冲突是可以解决的。冲突的解决可以让父母和孩子彼此更加亲密无间，更加能够探索冲突的原因，承担属于自己的责任。这样的话，孩子就不会感到羞愧难当，也不会心怀戒备。

学习到这一点之后，你的孩子将来在他们的成人关系中就可以正确地面对冲突和表达愤怒，因为他们明白，这样的冲突是可以解决的，不一定会对关系造成威胁或破坏。

第

10

章

情感匹配

在其他有关依恋的育儿图书中，也有提及情感匹配（Matching Affect）的概念。我想在这里也进行一下讨论，因为它是育儿的一个重要方面。每个人依恋的类型不同，父母所面临的与情感匹配有关的挑战也会有所差异。

什么是情感匹配？在看到一个可爱的婴儿坐在婴儿车里，或者被父母抱在怀中，脸上带着微笑时，我们会用宝宝式的语气打招呼，说这个宝宝真可爱呀。当听到有个婴儿在哭闹时，无论是我们自己的孩子还是别人的，我们也会用宝宝式的语气说："哦，这是怎么了？来了来了，妈妈在这儿呢。"是我们的语气也告诉婴儿，我们能够理解他的感受，这种语气也可能会给婴儿带来安慰。我们本能地用婴儿的声音和语言来传递自己的感受，这就是情感匹配的一个例子。

面对因焦虑不安而大哭的孩子，有的父母试图通过训斥让孩子安静下来，我很想打断他们说："不要这样，只要用轻柔的语气安慰你的孩子就行了。"然而，即使孩子是很小的婴儿，许多母亲也会因为孩子的哭闹而感到沮丧和恼怒。当她们想让孩子安静下来时，可能会开始更用力地摇晃孩子，把奶嘴塞进孩子嘴里，或者告诉他不要再哭了，但这些都不能有效地安抚婴儿。婴儿之所以会停止哭泣，可能只是因为他们意识到，父母是不会安抚自己的。

前不久我亲眼看到，一位母亲告诉她的孩子"闭嘴"，并把他塞到婴儿车里，给他绑上安全带，尽管他一直在尖叫和反抗。在她把孩子强行塞进婴儿车之前，只有在她抱着他的短暂时间里，他的尖叫和反抗才稍微停止了一下。她没有意识到孩子需要她的怀抱，如果她继续抱着他，用轻柔的语气安慰他，他就会平静下来。在内心压力的驱使下，母亲让孩子闭嘴，不要打扰到其他顾客。我本想帮忙，但不确定这位母亲是否接受我这样做。

我的女儿最近当了母亲。因为在外孙女刚出生的几个月里，我一直和她在一起，所以就对情感匹配的概念有了更多生动的理解。外孙女几周大的时候，我给她换尿布时，跟她说换了干净的尿布会感觉很舒服，她就会呜呜地发出好听的声音，我也会发出呜呜的声音来回应她。如果她在我给她换尿布的时候尿尿了，我就会大笑，我们俩似乎都很享受这一刻。当她因为胃胀气而疼痛时，我会一边轻轻摇晃她，一边用关心和轻柔的语气安慰她。是我说话的语气和表达的情感，而不是我说话的内容，传达给她这样的信息：我理解她正在经历的一切，无论是快乐、不适还是痛苦。我的语气与她的情绪和感官体验是互相匹配的。

无论处在哪个年龄阶段，我们都喜欢被其他人理解的感觉。当我们体会到，另一个人的声音可以与自己正在经历的感受产生联结时，我们会觉得自己得到了安慰。当你因为自己在乎的人离开了而感到悲伤的时候，如果有人用一种温柔而悲伤的语气告诉你，他们对这件事感到很遗憾，你就会相信，他们的确理解自己当时的心情。如果有人说同样的话来表达他们的遗憾之情，语气却是平平淡淡的，你就不会觉得他们能够了解自己的内心状态。

如果你很生气，而有人试图压抑你的情绪，告诉你要冷静，这并不会有什么帮助；如果有人因为你的愤怒感到害怕不安而走开，这只会火上浇油；如果有人在你生气的时候没有任何反应，这只会给你带来伤害，让你感觉自己受到了排斥。所有的这些回应都无法向你传达，让你生气的那个人或者你倾诉愤怒的那个对象，可以共情到你的情绪。

作为成年人，我们希望自己被理解，哪怕我们的悲伤或愤怒会让别人感到不安。如果有人带着觉察和共情来回应我们的情绪，就能帮助我们冷静下来，平复心情。无论我们的感受是悲伤、愤怒、恐惧、孤独或脆弱，我们都希望别人可以共情地回应，并且我们会发现，自己的痛苦或愤怒会因为这样的回应而得以缓解。我们会觉得，对方的回应和自己的感受是匹配的。

还有其他术语来表达这个情感匹配的概念，它也被称为镜映、同频、模仿、共情和情感理解。我之所以使用"情感匹配"这个术语，是因为它描述了我们需要用相似的语气和强度来进行表达，从而告诉对方，我们觉察到了他的感受。这并不是说，我们的感受必须与对方的感受完全相同。如果孩子生气了，父母不需要表达同样的愤怒来进行情感匹配，父母只需要告诉孩子，我们知道他很生气。

现在我们从研究中了解到，当照料者让婴儿知道，他们能够识别孩子的信号，并做出准确的回应时，婴儿就会处于有序的状态。婴儿能明白这一点，通常是因为父母的声音让婴儿感觉到父母理解自己的意思。照料者既要满足婴儿的需求，也要让婴儿感到父母真正理解他们的内心世界，给予了情感的回应。在整个童年阶段，婴儿都需要照料者跟他进行非语言交流，进行情感匹配，满足他的实际需求。然而，一旦孩子学会了用语言进行交流，这种非语言的回应似乎就消失了。然后，人们就会说"要学会表达自己"，似乎非语言交流已经不再有什么意义。实际上，在我们的一生中，每个人都需要接收非语言的沟通信息，体验他人的情感匹配。

拥有自主型成人依恋的父母会更容易匹配孩子的情感。安全型依恋的成年人有更强的共情能力，不太会把孩子的反应归咎于自己。在其他章节的例子中，安全型依恋的父母能够让孩子感受到，自己理解某项任务对孩子来说有多么困难，或者他有多么沮丧、生气或者悲伤。他们会让孩子觉得自己得到了理解，能够更好地进行情绪的自我调节。这样，父母就可以更加有效地帮助孩子解决问题，或者让他们冷静下来。

第 6 章中的父亲通过自己的语气告诉儿子，自己对不得不加班有多么难过和失落，这让儿子也能够表达自己的失望。这位父亲还关切地说，他理解儿子很担心自己的考试成绩。儿子可以表达他脆弱的感受，并向父亲寻求支持，因为父亲清楚地表达了对他所有感受的共情和不加评判地接纳。而那位对儿子吹毛求疵、要求儿子考得更好的父亲，却错过了与儿子进行更深层次沟通的机会。而且，他也没有帮助儿子取得更优异的成绩。

先占型依恋父母

先占型依恋的父母很难与他们的孩子同频，也不太能匹配孩子的情感。因为他们把自己的需求放在更为重要的位置，所以先占型依恋的父母错过了很多与孩子的感受和需求建立联结的机会。这些父母不会调整自己的情绪，也就难以和孩子进行情感匹配。

然而，你如果是一位先占型依恋的父母。可以尝试把自己的需要、感受和愿望放在一边，真正去关注孩子当下的体验。因为你可以坦然面对自己的感受，所以你有能力做到这一点。这里有一些指导建议，可以让你更好地跟孩子同频，让他们相信你可以和他们的感受保持同步：

- 你必须控制自己的情绪，并练习相关的一些方法。我们在前面的章节中讨论过这些方法，包括深呼吸、专注于当下、让自己放下执念、转移注意力，还有暂时离开。
- 仔细倾听孩子在表达什么，注意他们的非语言反应，比如面部表情和肢体语言。
- 如果你发现已经把孩子们的反应归咎于自己，那就暂停一下，不要让自己回应。你可以进行深呼吸，或者短暂地休息一下，然后再回到他们身边。

· 虽然这很困难，但你必须问问自己，孩子此刻的感受是什么。

· 如果你难以理解孩子的感受和需求，那就保持好奇，询问孩子能否再多讲讲他们经历的事情。你要用冷静而又带着好奇的声音询问他们，比如说："我想知道，你能不能告诉我，当时你是什么感受。"你也可以说："哇噢，那一定很艰难。可以再跟我说说到底发生了什么事。"

· 当你觉得自己的确理解了孩子的感受和需要，可以通过恰当的语气把你的理解反馈给他们。如果你的孩子很生气，就稍稍提高你的音量；如果你的孩子很难过，就把声音放低，这样你就可以传达出你很理解他们。例如，你可以用比平时更加响亮的声音说："哇，你听起来很生气。我可以理解，当我拿走你的手机时，你非常非常生气。"

如果能够与孩子的感受保持同步，你就会发现孩子变得更加冷静，并且更加亲近和信任你。他们能够和你分享自己的需求和愿望，也可以调整自己的情绪。

你会感觉到，自己和孩子之间的联结更深了。但要获得这种联结，你必须直面和控制自己强烈的情绪，学会控制自己对他人的执念，要意识到他们不能给予你同等的关注。

拒绝型依恋父母

如果你认为自己属于拒绝型依恋，你就会明白，对你来说，了解和表达自己的感受和需求是非常困难的。当你听到孩子表达自己的感受时，你可能会很反感，因为对你来说，这或许代表了软弱。你可能会对孩子的感受，尤其是悲伤、恐惧和脆弱的感受视而不见。更有可能的是，你的孩子已经发现，表达自己的感受和需求基本上是无用的，因为作为父母的你不可能感同身受地回应他们。你的孩子已经预料到，你会贬低或拒绝他们的感受。

如果孩子感到不安或者遇到了困难，你的第一反应可能会是为他们提供实用的建议，或者催促他们继续完成任务或活动。如果他们不听从你的建议或者退出某项活动，你可能就会和他们疏远，因为你和孩子之间缺乏情感的联结。你的孩子不会向你寻求支持或安慰，而他的内心也会处于悲伤和孤独之中。

如果你真的能够意识到表达自己的感受和需求对你来说是多么困难，那么你就可以改变这一点。你需要善待自己，努力探索自己的内心状态，允许自己感到脆弱、痛苦、悲伤和恐惧。我可以保证，如果你能做到以下几点，你和孩子之间的联结必定会变得更加紧密：

- 不要只关注孩子的表现或成就。

- 多关注孩子，哪怕只是待在家里陪着孩子。

- 注意孩子的非语言表达，比如面部表情或肢体语言。

- 如果你注意到孩子遇到了困难，他看起来很生气、悲伤、害怕或者痛苦，你可以通过表达类似的感受，把这一点反馈给他们："嘿，马克，你看起来很伤心。你有什么烦心事吗？你想聊聊吗？我可以听你讲讲，也许我能帮上忙。"

- 如果你的孩子没有回应，可能因为他们不相信你会给予自己情感上的支持。你需要重复你的反馈，并表示自己愿意倾听。你可以补充说："我很遗憾，你不太愿意把自己的感受告诉我。你不相信我能分担你的悲伤，这让我感到难过。我希望我们的关系可以变得更加紧密，这样你就会更有安全感，愿意向我倾诉。"

- 分享你自己曾经经历过的困难、失败或自我怀疑，或者任何可能与孩子当下体验有关的事情。你不需要告诉孩子自己是如何解决问题的，只需要说出与他们的体验相匹配的你的感受。
- 和孩子一起娱乐和放松，而不是专注于成果或胜利。
- 要明白，改变亲子关系需要很长的时间。如果你的孩子认为你只关心他们在学校或活动中的表现，或者认为在自己情绪低落时，不应该向你求助，那么你的孩子需要时间来改变这种信念。所以，你要始终对孩子保持情感上的关注和好奇。
- 让自己感受一下悲伤和不自信，这样可以帮助你和孩子建立这种情感的联结。继续尝试和孩子的感受同频，让他知道你想要这样做。

未解决型成人依恋

如果认为自己属于未解决型依恋，那么始终稳定地与孩子同频将会是你最大的挑战。有时候，你能够与孩子同频，与孩子进行情感匹配，让他平静下来，甚至让孩子有足够的安全感，能够在你面前表现出脆弱的一面。你面临的挑战在于，孩子的一些感受和需求会激活你自己尚未解决的创伤。当这种情况发生时，你就无法对孩子感同身受，也无法给予他们所需要的安慰和支持。我们在前几章的练习中讨论过，你需要做的是稳定自己的情绪，而不是被孩子触发创伤反应。有需的话，你可以回顾一下这些内容。

你需要意识到，孩子的情感表达可能会触发你某些痛苦的开关。这或许是一个很好的开始，让你和孩子的感受保持一致。一开始，你无法忍受他们的愤怒、悲伤、恐惧或任何表达脆弱的感受，或者你可能会过度认同这种感觉，但这对你的孩子而言没有帮助。如果你能接受的话，那么孩子体验到这种情绪时，你可以和他们坐在一起，并且保持亲近。但由于你无法控制自己的情绪，也许不能匹配他们的情感，也不能给他们提供安慰或保证。你只要保持身体上的亲密，并且控制自己的感受就可以了。如果做得到的话，你也可以拥抱或者安抚你的孩子。

你可以理解自己在童年时形成了什么样的策略来保护自己，避免虐待或丧失所带来的伤害，这会对你有所帮助。

建议你尝试以下方法：

· 用我在前几章提到的所有练习来调整自己的情绪。

- 虽然，你痛苦的童年经历让你变得敏感又非常脆弱，表达情绪对你来说可能是件危险的事情，但你要相信自己拥有共情的能力。

- 记住，你的孩子同样也很脆弱，他们不想伤害你，渴望你能理解他们的感受，让他们可以安心地从你那里获得支持和安全感。

- 你必须付出极大的努力，不让自己的情绪左右你对孩子的反应。

- 在一开始，你可能会因为自己的情绪和感受而错过与孩子的感受相匹配的机会，但是不要因为错过这些机会而苛责自己。这样的机会还有很多。

- 如果你意识到自己确实无法和孩子同频，你可以在晚一点的时候，用难过和遗憾的语气向孩子承认这一点。

作为未解决型依恋者，你能采取的最佳办法就是接受心理治疗，以解决你的创伤和丧失。在接受治疗的同时，做书中推荐的所有练习。你的育儿方式可能会不稳定，甚至有时极度混乱。这时，你可以向别人寻求帮助，自己从孩子身边离开，把孩子交给另一位照料者。

第

11

章

气质与依恋

很多家庭有不止一个孩子，他们都清楚，每个孩子都会有气质或性格上的差异。这个孩子可能比较难带、喜怒无常，而另一个孩子却随和安静。你的第一个孩子可能很随和，讨人喜欢。有了这种积极的体验之后，你又生了一个孩子。而第二个孩子或许从一出生就给你带来了各种挑战，让你疲惫不堪，以至于你怀疑自己为什么要把他生下来。或许你很幸运，孩子们的性格都很随和；又或许你不太幸运，孩子们都不太能调整自己的情绪，难以安抚。依恋理论告诉我们，虽然基因和先天气质在孩子的个性发展中起着一定的作用，但孩子与主要照料者之间的关系却是更加重要的影响因素。由此可见，后天培养与先天因素结合在一起，共同影响着孩子的发展。

让我们思考一下，父母对自己孩子的回应是如何影响气质特征的。一些婴儿天生就容易紧张，不太能调节情绪，他们可能会经常啼哭，很难安抚。如果这个孩子的照料者情绪失调、焦虑不安，那么他可能没有机会体验到安静平和的养育环境，尽管这样的环境能够帮助他们更好地调节情绪。孩子正在发育的大脑将继续承受压力，其情绪调节的能力仍然会很薄弱。

同样是这个孩子，如果他的照料者平和冷静、有安全感和情绪调节能力，那么在这个抚慰和放松的环境里，孩子正在进化的大脑将更有可能产生自我调节和自我安抚的化学物质。这样的父母会明白，孩子并非生来就具有自我调节的能力，因此在整个童年时期都给予孩子一个有序的成长环境。等这个孩子成为青少年和成人时，他会知道自己需要有序的成长环境才能获得安全感，才能有更加出色的表现，就会为自己创造这样的环境。

有些婴儿天生就有感官障碍，不太喜欢身体的亲密接触。他们会试图远离表现出亲昵和爱意的父母。任何父母都会因此感到伤心，但不安全型依恋的父母会感到被拒绝、受伤，甚至生气。他们会把婴儿无法接受亲密接触的问题归咎于自己，认为自己被拒绝的父母也会反过来排斥孩子，于是婴儿就无法获得触觉和感觉的感官发展。

虽然安全型依恋的父母也会因为婴儿的拒绝行为而感到困惑和受伤，但这些父母会更加关注自己的孩子，并且试着找到方法，让孩子接受身体的触摸和安抚。他们会去了解婴儿身体的哪些部位更容易接受触摸，也会尝试轻柔地、短暂地触摸孩子。最重要的是，安全型依恋的父母不会把婴儿的困难归咎于自己，而是会及时帮助他们天生敏感的孩子接受些许的触摸和感官接触。

在我对领养儿童进行治疗的过程中，我见证过许多这样的案例：那些气质存在先天不足的孩子最终改变了他们在人际关系中的互动方式。父母们会因为自己领养的孩子喜怒无常、控制欲强、目中无人、不信任和疏远他人而感到筋疲力尽、灰心丧气，最终向我求助。这些孩子是否天生就无法调节自己的情绪，这一点我们不得而知。当他们被领养时，即使是很小的孩子，他们的个性似乎都已经形成。大多数养父母都相信，提供一个安全的、充满关爱的家庭环境，会使缺乏信任感的孩子变成充满爱心、信任他人的孩子，能够和他们亲密相处。当这种情况没有在养父母预期的时间内发生时，这些父母就会气馁、沮丧，甚至感到愤怒。

许多被领养的孩子认为，照料者不能关注自己，甚至他们非常危险。然而，改变对孩子个性造成影响的信念体系需要很长的时间，甚至要花费数年。有些父母能够接受这一现实，尽管孩子在行为和性格上存在一些问题，但他们多年来一直在给予孩子平和友爱的环境。长此以往，他们在孩子身上看到了可喜的变化。这些孩子慢慢地更加信任和依赖父母，行为也更加规范了。最终，他们的内心深处发生了变化，个性也得以改变。

我给大家举个例子。

三岁时，萨沙（Sacha）被一个家庭领养，这个家庭可以为他提供很好的生活条件。这对父母名叫詹妮弗（Jennifer）和约翰（John），他们有两个亲生孩子。他们领养孩子最根本的原因就是想给孤儿一个充满爱的、安稳的家。詹妮弗觉得自己有必要帮助这个孩子，如果一直在孤儿院长大，他的人生肯定会受到影响。在领养萨沙后的几天里，詹妮弗和约翰面临着一个始料未及的挑战。萨沙是个非常难管教的孩子，他跑来跑去，打碎东西，无视任何规矩，暴饮暴食，还不肯睡觉。詹妮弗感到很内疚，因为她把这个棘手的孩子强加给了自己的家人。约翰放弃了，无法再给予詹妮弗支持。詹妮弗开始阅读相关的资料，了解被领养的儿童会给养父母带来哪些挑战，以及如何为被领养儿童创造一个安全的家。詹妮弗曾是一家大公司的管理人员，做事井井有条，对自己想做的事情都志在必得。她下定决心要帮助萨沙改变，并向家人证明，他可以是一个很好的家庭成员。

在搜索信息的过程中，詹妮弗了解到依恋理论。她开始明白，由于亲生父母的养育方式非常糟糕，又在孤儿院受到了忽视，被领养的儿童会形成不安全型依恋，甚至有些孩子的情况相当严重。她找到了一位依恋取向的治疗师，明白需要实施结构化的行为干预，但更重要的是，她需要给予孩子共情、关心、好奇和持续的爱。她还帮助丈夫和孩子们了解到，萨沙有多缺乏安全感，这样大家就都能更加耐心和友善地对待萨沙。詹妮弗明白，对自己来说，行为策略的执行不是一件容易的事，首先需要让自己体会到脆弱和自卑的感觉。

慢慢地，萨沙确实变得更加冷静，不再那么有攻击性，也更愿意探索自己的感受。他变得非常依赖詹妮弗，跟约翰的关系也变得亲密了，也更加紧密地融入了这个家庭。萨沙花了好几年时间才做到这一点，最后，他还取得了学业上的成功，发展了良好的人际关系，成为一个讨人喜欢、关心他人、有所成就的年轻人。

之所以会发生这些变化，是因为他一直处于安全和充满关爱的环境中。我们无法了解萨沙的遗传气质，因为关于他原生家庭的信息很少。他来到领养家庭时，还是个相当麻烦的问题儿童。我们猜想，如果一直待在孤儿院，他可能会是一个脾气暴躁、缺乏安全感的孩子，也没有光明的前途。

让萨沙在行为、人际关系和自信心方面发生重大变化的，是詹妮弗一家人提供的安全环境。所以，后天养育影响了萨沙大脑各个层面的神经发育。他体验到了安全的人际关系，所以不需要用攻击来保护自己。他感受到了母亲的爱和养育，并且能够将自己可以被爱的信念内化。父母给予的安全感、稳定而持久的关爱让他的认知大脑得以发育，因此他能够理性地进行思考、学习和规划，并取得好成绩。他的大脑发生了变化，性格也发生了改变。所有这些变化都是可预测的、充满关爱的环境所带来的。萨沙是一个很好的例子，告诉我们后天培养可以改变个性的发展。

我之所以举这个例子，是因为在对自己进行审视，允许自己产生脆弱、悲伤、无能和依赖他人帮助的感受之后，詹妮弗为萨沙提供了情感上的支持，让他建立了对人的信任感。詹妮弗了解到，自己属于拒绝型依恋，会更加关注活动、成就和计划，回避依赖、亲密和信任。她必须让自己体验所有这些情绪，共情萨沙的感受，帮助他控制自己的愤怒和表达自己的悲伤，帮助他在与她和家人建立亲密关系时感觉自己是安全的。如果詹妮弗她不改变自己性格的某些部分，萨沙的性格也就不可能改变。

当孩子出生时，他们天生就有着自己的气质特征或遗传倾向。不过，比较具有挑战性的基因是否会被激活，也会取决于父母所创造的环境。基因决定了我们的眼睛是蓝色还是棕色，个子是矮还是高，鼻子是小巧上翘还是又大又塌，有多少根脚趾和手指，以及许多其他的身体特征。基因也可能影响我们性格的某些方面，但这些基因可以被修改，也可以不被触发，因为我们环境的其他方面也会对基因发展会产生一定的影响。这些影响可能是积极的，也可能是消极的。有的婴儿可能天生就比较随和，但是如果这个婴儿在他的生命早期遭受了来自照料者的创伤，那么这种经历将影响他遗传倾向的发展。同样，有的婴儿也可能天生情绪调节能力差，容易紧张，但如果照料者一直非常耐心，给予他关爱，这个婴儿就可能学会放松和调节自己的情绪和行为。环境如何对遗传产生影响，这被称为表观遗传学。

表观遗传学在儿童的早期经历中发挥着更为重要的作用，因为大脑正在快速发育，它可以决定基因按照哪个方向发展，或者是否会被早期经历修改和影响。我们的遗传基因并不会自我表达，并且它的发展路径也不是一成不变的。它可能会产生导致不良发展的基因，也可能会因为婴儿与照料者之间的健康关系而得到修改。

成人依恋是如何在遗传学和表观遗传学中发挥作用的？拥有自主型依恋的父母最有可能为婴儿提供安全、充满关爱和可预测的环境，不会将养育婴儿时遇到的挑战归咎于自己。有的婴儿可能天生就患有疝气，很难安静下来。由于这种不适，婴儿可能会经常哭很长时间。如果遇到一位安全型依恋的父母，能够保持冷静和耐心，不断地安抚孩子，那么这个婴儿将更有可能改变这种基因。这样的父母能够做到这一点，是因为他们不会把孩子的行为归咎于自己，也不会觉得孩子是在故意折磨父母。在确实感到不知所措、疲惫不堪的时候，他们也能够向他人寻求帮助和支持。

　　在为孩子创造平静的环境时，先占型成人依恋的父母将面临更大的挑战。这类父母可能会对孩子表达关心和安抚，但这取决于父母是否觉得孩子能对自己做出积极的回应。如果婴儿不能安静下来，让先占型父母感到自己很无能，他们就会感到愤怒，并且对孩子产生排斥。先占型父母可能会向别人寻求帮助，但这种求助是怒气冲冲、颐指气使的，可能会让帮助者疏远他们。如果帮助者成功地安抚了孩子，先占型父母可能会对他们产生矛盾的态度，对孩子和帮助者都感到更加愤怒。与先占型父母的关系会让婴儿情绪失调的基因标记或表达方式得到强化。

对于拒绝型成人依恋的父母来说，他们或许能够为自己情绪失调的孩子提供有序的环境，但却不能给予孩子所需要的共情式回应和温柔的关爱。如果经过父母的努力之后，婴儿仍然感到紧张和焦虑，那么拒绝型父母可能会感到自己是无能的，进而疏远孩子。拒绝型父母非常看重自己的能力和表现，如果他们尽了最大的努力，但却事与愿违，他们可能会变得愤怒或沮丧，排斥孩子，自然也无法给予孩子情感上的支持。婴儿可能最终会放弃表达自己的需求，停止哭泣，但紧张和焦虑的倾向仍然根植于他们的个性中。

在面对紧张焦虑、难以安抚的婴儿时，未解决型成人依恋的父母将面临最大的挑战。这样的孩子可能会触发父母的不良感受，而这些感受源于父母自身的童年创伤。未解决型父母的反应将会是无法预料的，这对婴儿来说是可怕的，也可能是危险的。创伤就是以这种方式进行代际传递的，尽管它并不是一种遗传特征。一个情绪失调的婴儿可能会受到父母的虐待，因为这位父母自身的被虐待创伤仍未得到解决。所以，这个情绪失调的婴儿遭受了创伤，尽管这样的发展路径并不是由先天基因决定的。在这么小的年龄受到创伤之后，这个孩子将很难扭转对自我和他人的看法，特别是如果他一直和遭受过创伤的照料者在一起的话。

在本章中，我给了父母很大的压力，认为他们在影响孩子的基因发展方面起着重要作用。不过研究确实表明，安全型依恋的父母的养育方式是孩子身心健康的首要决定因素。当然，孩子天生就有遗传标记，我们也知道，某些疾病和心理健康问题也有可能是遗传的。如果你的孩子天生就有遗传性的健康问题，你不应该责怪自己，而是要寻找一切可能的支持来协助自己抚养这个孩子。你在依恋关系中越有安全感，就越会善待自己，觉得自己有权获得别人的支持和短暂的休息，也更有可能不把孩子的行为和挑战归咎于自己。

美国国家儿童发展科学委员会（National Scientific Council on the Developing Child）认为：

科学家们发现，早期的经历可以决定基因的开启或关闭方式，甚至决定某些基因是否得到展现。因此，儿童早期的经历以及他们所处的环境塑造了发育中的大脑结构，并对他们长大后能否成为健康、积极的社会成员产生重要影响。

遗传学和表观遗传学是崭新的研究领域，并且还在不断发展之中。但是，已经有强有力的证据表明，基因与环境之间的相互作用，在我们理解人类依恋的发展方面有着重要的意义。

第

12

章

结论

本书从成人依恋理论的视角，为父母提供了一种可选择的养育方式，也帮助父母理解为什么自己会以这样的方式养育孩子。依恋理论告诉我们，在婴儿、儿童和青少年时期，与父母或照料者相处的经验会让孩子形成安全型依恋或不安全型依恋。这就意味着，作为父母，如果想要让孩子在人际关系和生活中有安全感，最好的方法就是为他们提供一个安全、稳定和充满爱的环境。依恋理论还告诉我们，最有能力提供安全环境的父母，他们的成人依恋类型通常是安全型依恋。

　　玛丽·梅因博士的研究表明，如果我们知道父母的依恋类型，就能以很高的准确率预测孩子的依恋类型。也就是说，如果父母属于安全型依恋，那么他们的孩子很可能也属于安全型依恋；如果父母属于不安全型依恋，他们的孩子很可能属于相似类型的不安全型依恋。从婴儿期开始，父母就会通过与孩子的互动，无意识地将自己的依恋类型传递给孩子。

研究还表明，大约 60% 的成年人属于安全型依恋。也就是说，至少有 40% 的成年人属于不安全型依恋。由于这些成年人中，有大多数将会为人父母，我们可以估计，大约 40% 的父母属于不安全型依恋，他们在养育孩子时无法提供一个安全的环境。这个比例和状况令人担忧。

基于这些数据，所有的父母都应该学习如何成为安全型依恋。或者说，他们应该学习如何带着对自身的洞察来养育孩子，这样才能为孩子提供安全的成长环境。

我是一名社会工作者，也是一位心理治疗师。我一直对依恋理论很感兴趣，基于依恋理论的治疗也已经进行三十多年了。我治疗过许多有依恋问题的孩子，其中有一些是领养儿童。我帮助父母了解和创造了安全的养育环境所需要具备的要素。有些父母在这方面做得很不错，有些则不然。在这个过程中我发现，那些无法重建安全家庭环境的父母，无论是养父母还是亲生父母，自身都有着严重的依恋问题。

发现这一事实之后，我对成人依恋进行了更多的研究，包括成人依恋的类别，以及它们如何影响成人的人际关系和教养方式。我写了一本书，叫《读懂依恋：拥抱更好的亲密关系》，讲的是从依恋的角度理解自己，以及如何改变依恋类型，在成人关系中以更健康的方式做出回应。本书是续作，不过针对的读者人群是父母。父母也需要了解自己的成人依恋类型，了解自己的养育方式如何受到依恋类型的影响，以及如何改变自己的养育方式，这样才能以更健康的方式回应孩子。

作为一名治疗师，我摸索出了一种依恋取向的治疗模式，并将其推广给其他治疗师。这个模式旨在帮助来访者从不安全型成人依恋转向安全型依恋。这种治疗通常是长期的，既耗时又昂贵。但我对这种模式有很大的信心，并强烈建议人们接受这种治疗来修复自己早期成长经历的影响，以更好地觉察自己，获得更多的安全感。毫无疑问，接受这种心理治疗的来访者将会成为更称职的父母。

不过为了那些无法接受这种治疗的父母，或者想在接受自我治疗的同时也帮助自己孩子的父母，我写了这本书。和前作一样，这本书为你理解自己的成人依恋类型提供了指导。它会帮助你理解，自己的成人依恋类型是如何影响养育方式的。最重要的是，它为你提供了如何改变养育方式、如何以不同的方式回应孩子的指导建议，可以帮助你了解一位不安全型依恋的父母所面临的挑战。

所以，无论你属于不安全型成人依恋中的哪个类型，你都可以减小不安全型成人依恋对孩子造成的不良影响。你可以通过以下方式做到这一点：

- 确定自己的依恋类型。
- 了解它是如何在你的意识层面和无意识层面运作的。
- 了解它如何影响你与孩子的互动。
- 了解孩子的哪些方面对你来说会更具挑战性。
- 了解你需要如何改变，才不会把自己的不安全型依恋传递给孩子。

第 3 章主要描述了父母对孩子的回应是如何影响孩子的神经发育的。当父母对孩子的需求和感受进行共情，并给予安抚和平静的回应时，孩子就会形成自我调节的能力。有自我调节能力的孩子会在生活的各个领域都更加出色。

书中的第 5 章至第 7 章根据不同的成人依恋类型，列举了一些实例，并提出了实用的指导建议和干预措施。这些措施将帮助你成为一位更加能够共情和提供支持的父母。

第 8 章讨论了成为一位安全型依恋的父母，可以为孩子的成长带来哪些益处。

第 9 章介绍了重要的育儿方法，比如在与孩子发生冲突或者在实施惩罚之后，如何修复与孩子的裂痕。第 10 章将帮助父母认识到与孩子同频的必要性，并提出了一些方法，告诉父母怎样才能让孩子相信，父母的确理解自己的感受和需要。

第 11 章介绍了表观遗传学的概念，这个概念说明基因和环境共同塑造了我们的个性。这也意味着，父母可以通过积极或消极的方式影响孩子的基因潜质。

毫无疑问，有安全感的孩子更容易应对生活中的所有挑战。他们往往更加快乐，有良好的同伴关系，在学业、社交和课外活动中都很成功。有安全感的孩子会发展自己的兴趣，并相信自己能够尽最大的努力取得成功。他们既能够独立自主，又可以依赖他人。当他们需要支持和指导时，能够向父母和其他成年人求助。进入成年期之后，他们仍然会有安全感，能够在人际关系和事业上继续取得成功。

我们每一个人应该都会对自己的孩子有这样的期盼。而作为父母的你，无论是属于安全型依恋还是不安全型依恋，都可以让这一切真真切切地发生在自己的孩子身上。

我希望，在你努力成为安全型依恋的父母，为孩子提供安全的成长环境的旅程中，这本书能够对你有所帮助。